KB231858

복 있는 사람

오직 여호와의 율법을 즐거워하여 그 율법을 주야로 묵상하는 자로다.
저는 시냇가에 심은 나무가 시절을 좇아 과실을 맺으며 그 잎사귀가 마르지 아니함 같으니
그 행사가 다 형통하리로다.(시편 1:2-3)

어느 수도자에게 보내는 편지

Lettre à un religieux

Simone Weil

La vertu de foi est la subordination de toutes les facultés de l'âme à la faculté d'amour surnaturel.

La vertu d'espérance est une orientation de l'âme vers une transformation après laquelle elle sera tout entière et exclusivement amour.

La vertu de charité est l'exercice de la faculté
d'amour surnaturel.

어느 수도자에게 보내는 편지

시몬 베유

이창실 옮김

복 있는 사람

어느 수도자에게 보내는 편지

2026년 2월 25일 초판 1쇄 인쇄
2026년 3월 4일 초판 1쇄 발행

지은이 시몬 베유
옮긴이 이창실
펴낸이 박종현

(주) 복 있는 사람
주소 서울특별시 마포구 연남동 246-21(성미산로23길 26-6)
전화 02-723-7183(편집), 7734(영업 · 마케팅)
팩스 02-723-7184
이메일 hismessage@naver.com
등록 1998년 1월 19일 제1-2280호

ISBN 979-11-7083-324-6 03230

Lettre à un religieux
by Simone Weil

Originally published in 1951 in French under the title
Lettre à un religieux by Gallimard
All rights reserved.
This Korean translation edition © 2026 by The Blessed People Publishing Inc., Seoul, Republic of Korea.

이 한국어판의 저작권은 (주) 복 있는 사람에 있습니다.
신저작권법에 의하여 한국 내에서 보호받는 저작물이므로 무단 전재와 무단 복제를 금합니다.

차례

일러두기

- 이 책은 갈리마르(Gallimard, 1951) 판을 번역 대본으로 삼았다.
- 이 책에 인용된 성서 본문은 『공동번역』을 따랐으며, 시몬 베유의 인용 및 사역은 그대로 옮겼다.
- 이 책의 모든 주는 옮긴이의 주이다.

머리말

시몬 베유는 1909년 2월 3일, 불가지론을 신봉하는 파리의 한 가정에서 태어났다. 그녀는 앙리4세 고등학교에서 알랭의 수업을 들으며 큰 영향을 받게 되며, 1931년 7월에는 철학교수 자격을 취득한다. 그 후 르퓌, 오세르, 로안, 생테티엔, 생캉탱의 고등학교에서 교편을 잡지만, 1934년에서 1935년까지의 공장 노동자 생활을 포함해 긴 시기에 걸쳐 여러 차례의 휴지기를 맞는다. 1936년에는 공화파 편에 서서 스페인 내전에 참전하기 위해 바르셀로나로 떠난다. 그리고 1942년 5월 그녀는 프랑스를 떠나 뉴욕으로 가는데, 그곳에 잠시 체류한 뒤 런던의 자유 프랑스군에 합류하기 위해서였다. 그러나 이듬해 1943년 8월 24일, 그녀는 영국 켄트주 애슈퍼드 요양소에서 폐결핵으로 사망한다.

이상은 자신의 시대에 이방인으로 머물려 하지 않았던 현대의 한 정직한 지성인이 지나온 삶의 몇몇 이정표*이다. 그러나 타협을 불허하며 모든 걸 적극적으로 통찰하려 했던 한 여인, 그지없이 모호한 실재를 죽도록 파고들었던 이 여인의 강점과 약점에 대해 그것들은 시사해 주는 바가 없다. 일화가 전해 주는 뉘앙스는 믿을 만한 것이 못 되건만 많은 이들이 거기서 멈춰 섰다. 사실 시몬 베유의 저작물은 대부분 초안이나 메모였고 아니면 한 편의 저서로 실현되지는 못한 자료를 담은 노트들로서, 생전에 출판된 글들은 이렇다 할 비중을 차지하지 못한다. 결국 우리는 그녀의 삶에서 그녀의 말에 대한 해명—뿌리가 아닌—을 찾으려는 강한 유혹을 느낀다. 그래도 이런 미완의 텍스트들이 한결 생생하게 느껴지는 건, 그것들이 발설 당시의 상황에 보다 밀착되어 있기 때문이다. 거기서 우리는 직설적인 동시에 허술하기도 한 시몬 베유를 발견하게 된다. 더 큰 진정성을 띠는 동시에 한층 소외된, 아니, 더 큰 진정성을 띠기 때문에 그렇게 소외된 그녀를 발견한다.

어쨌거나 종교적인 탐색에 관한 한 시몬 베유가 생전에 발표한 글은 거의 없다. 따라서 우리는 그녀의 메모밖에는 기댈 곳이 없으며, 초안 상태인 텍스트 속의 말이나 그 말을 직접 들은 이들의 기억에 귀 기울일 수밖에 없다. 1936년에서 1938년 사이 아시시와 솔렘에서 그녀에게 닥친 사건 이후로 그리스도교는 더 이상 그녀에게 낯선 종교가 아니었다. 그 사건은 심미적인 동시에 사회적인 성격을 띠었으니, 그 아름다움이 그녀를 매료시켰으며 또한 멸시당하는 이들을 포용하도록 해 주었다. 그렇게 해서 회심이, 그리고 그 불가능성이, 그녀의 탐색과 메모와 대화의 주제가 된다. 그리고 이어지는 전쟁의 발발은 그녀에게 강렬한 사색의 시기로 자리 잡는다.

1941년 6월 초, 그녀는 마르세유에서 도미니코회 소속 사제인 조제프-마리 페랭 신부를 만나게 되며, 그에게 자신이 의심하거나 분개하거나 확신하는 바들을 털어놓는다. 그리고 뉴욕으로 출발하던 당시, 런던으로 건너가 임무를 부여받고 프랑스로

돌아오겠다는 일념뿐이었을 때조차 그녀는 교회에 속할 것인지에 관한 문제를 두고 계속 고민한다. 1942년 7월에 도착한 뉴욕에서는 자신이 런던으로 가는 길을 열어 줄 만한 사람들에게 청원을 한다. 다시 말해 군 당국을 비롯해 자크 수스텔, 모리스 슈만, 자크 마리탱에게 편지를 쓰는데, 특별히 마리탱과는 자신의 '영적 상태'에 대한 대화를 나누기까지 한다. 마리탱은 그녀에게 성(聖)미술 분야의 업적으로 잘 알려진 도미니코 수도회의 쿠튀리에 신부[1]와 교류하도록 권한다. 그리하여 잦은 만남은 아니었어도 두 사람 사이에 허심탄회한 대화가 오가게 된다. 그러나 정통 교리를 두고 활기찬 대화가 이루어지지는 못했고, 프랑스에서든 미국에서든 그녀는 다른 이들과 나눈 대화에서 기대에 못 미치는 몹시 모호한 답변만 듣게 된다.

1942년 10월, 마침내 그녀에게 런던으로 갈 수 있는 기회가 주어진다. 11월 10일에 있을 출발에 앞서 그녀는 장 발(Jean Wahl)에게 보내는 한 통의 편지 외에도 쿠튀리에 신부에게 보내는 『어느 수도자에게

1 Marie-Alain Couturier(1987-1954). 도미니코회 수도사제로서, 성(聖)미술 분야와 현대 교회 건축 디자인에 지대한 영향을 미친 인물.

보내는 편지』 본문을 작성한다. 이 텍스트에서 그녀는 두르뉴의 한 베네딕도회 수도자와 나누었던 토론의 주제들을 다시 도입해 발전시키고 있지만 대화는 계속 이어지지 못한 채 중단된다. 쿠튀리에 신부는 답장을 하지 않았고 이후로 베유를 다시 만날 수도 없게 된다. 10개월 후 그녀가 사망하기 때문이다.

여기서 당시의 정황을 떠올려 볼 필요가 있겠다. 1942년 6월 21일, 토브룩이 독일군의 손에 넘어간다. 10월엔 스탈린그라드 전투가 시작되며 11월 초엔 롬멜의 패주가 이어진다. 11월 8일 영국이 알제리를 침공하며, 프랑스에선 11월 11일 히틀러의 군대가 휴전선을 넘는다.

베유가 쿠튀리에 신부에게 쓴 편지에서 제기한 문제들은 "신속한 답변을 구하는 사안은 아니었던" 동시에 "지극히 중요하며 절박하고도 현실적인" 성격을 지니는 것들이었다. 전쟁으로 인해 지칠 대로 지친 순간에도 그녀는 온전히 그리스적인 정신 상태를 유지했으며, 죽음을 선고받은 터에 서두를 것 없다는 뜻을 전한다. 그러면서도 정신적 가치들이 위기를 맞고 있는 상황에서 자신의 물음에 대한 답변의 시급성을 표명한다.

그 누구도 삶을 확신할 수 없었던 시기였다. 서신은 불안한 시대의 문학 장르로서 '바다에 띄운 병'처럼 보일 수도 있었다. 1942년 베르나노스는 리오에서 『영국인들에게 보내는 편지』를 발표하며, 1943년에는 생텍쥐페리의 『어느 인질에게 보내는 편지』가 뉴욕에서 출간된다. 1951년 『어느 수도자에게 보내는 편지』를 편찬하게 되는 알베르 카뮈는 레지스탕스에 몸담고 있던 1943년 『어느 독일인 친구에게 보내는 편지들』을 숨어서 작성한다.

당시 상황이 그러했다.

그런 상황들이야말로 이 책이 지닌 '유보적인' 양상을 설명해 주고도 남지만, 그렇다고 그 안에 담긴 메시지를 상대화시킬 수 있는 건 아니다. 유대인이었던 시몬 베유는 유대교를 거부했지만

1943년 죽기 직전까지도 세례를 받는 문제를 두고 베르그송 같은 철학자의 신중한 태도를 견지한다. 그런가 하면 위대한 텍스트들을 직접 읽는 편을 선호했다. 폰 라트[2]의 연구물이 아직 발표되기 전이긴 했어도, 그녀는 역사적 방법론을 적용한 성서 해석—당시 개신교들과의 교제가 있었다면 접할 수도 있었을—에 대해서는 모르고 있었다.

요컨대 『어느 수도자에게 보내는 편지』는 축자적 혹은 문학적 독해를 넘어서는 본질적인 독해를 요한다. 형식적인 측면에서 이 텍스트는 대화나 해결된 질문들 혹은 해결되지 않은 모순들을 열거하고 있다. 하지만 현실적으로 시몬 베유는 망설임에서 벗어나 자신의 동의가 적극적인 무언가가 되기를 원한다. 그러므로 이 글을 그녀가 세례를 받기 위해 내세운 조건들로 이해한다면 철저한 오독이 될 것이다. "성사(聖事)에 이런저런 조건들을 달게 되는 건 신앙을 결했기 때문이다. 그런 식으로 변화가 초래되면 그리스도교는 멸하게 될 것이다"라고 그녀 자신이 노트에 적고 있다. 교조를 무효화하고 새로운 교조를 확립하는 건

2 Gerhard von Rad(1901-1971). 독일의 성직자이자 저명한 구약학자.

그녀의 의도가 아니다. 그녀의 말에 따르면, 그런 일이 닥치는 순간 교조는 자체의 덕목을 모조리 잃게 될 것이기 때문이다.

한편 시몬 베유가 제기한 질문들을 일종의 ‘탄원’이나 ‘주장’으로—공인된 교리인지 아닌지를 따지는, 신학사에 되풀이해 등장하는 단어를 차용한다면—여긴 이들도 있었다. 하지만 베유는 스스로를 가톨릭 신자라 부른 적이 없었고, 그에 대한 어떤 심의도 요구한 적이 없다는 사실을 잊어서는 안 된다. 마르세유에서 가톨릭·개신교·정교회 신자들과의 만남 이후에 그녀는 오빠에게 말한다. “그들이 일치를 본 유일한 사항은, 중대한 죄는 이단의 죄다”라는 사실이었다고. 나중에 오빠가 “넌 가톨릭 신자일 수 있는 만큼이나 불교 혹은 도교 신자일 수도 있겠다”라고 한 말에 그녀는 답변한다. “맞아, 정확히 집어냈어.” 그녀가 정통 신앙의 딱지를 부여받을 어떤 배타적인 선택도 거부했음을 알게 해 주는 대목이다. 그 딱지가 없다면 이단으로 간주되었을 텐데도 말이다. 그녀는 혼합주의자로 간주될 위험을 무릅쓰면서도 자신의 보편주의를 변호하려 들지 않았다. 정통주의자와는 다른 비정통주의자가 될 각오로 보편성을 추구했다. 그녀는 어떤 중요한 선택을 함으로써—그런 선택에도 '불구하고'가 아니라—교회에 받아들여지기를 구했다. 그러나 무엇 하나 모호하거나 모순된 상태에 남겨 두지 않으려는 이런 굳은 의지는 교만으로 간주되었다. 그녀 쪽에서 먼저 자신의 몇몇 의견은 미심쩍다는 사실을 인정했는데, 그건 명확한 답변을 얻어 내기 위해서였다. 그런가 하면 무언가 잘못된 것처럼 여겨지는 상충되는 답변들을 거절하겠다는 의도도 있었다. 동의 이전에 앎을 원하는 이들에게 향했던 잘난 체하는—여전히 자행되는 관행이지만—동정이나 연민 또한 그녀는 사양했다. 그녀는 철저한 앎을 원했으며, 온전한 지성의 분명한 입장을 필요로 했기에, 영지주의자 혹은 카타리파 신봉자로 여겨질 수도 있었다. 그녀라면 어떤 저작물을 공들여 완성함으로써, 과거에 너무 신속하고도 강압적으로 처리해 버렸던 문제점들을 현대적인 명확한 말로 짚어 낼 수 있었을 것이다. 하지만 뉴욕에 체류하던 당시 그녀에겐 자신의 책들도, 그런 일에 몰두할 시간도 없었다. 어찌 됐든 그녀가 대서양을 통과하던 당시 만난 에르만[3]의 저서는 이 글에서 대수롭잖은 언급일 수 있겠지만, 거듭 인용되는 성 요한의 구절들을 두고는 그렇게 말할 수 없을 것이다.

그녀의 철저한 정직성은 신앙의 문제에 있어서 관용과 묵인의 태도를 거부하는 동시에 편협하고 배타적인 태도 역시 거부한다. 그런 태도에선 지성의 빈곤밖에 볼 수 없기 때문이다. 오늘날엔 '교회 밖에는 구원이 없다'(extra Ecclesiam nulla salus)[4]라는 계율에 확대된 해석이 적용되며, 시몬 베유를 곤혹스럽게 만들었던 '파문이다'(anathema sit)라는 문구 역시 제2차 바티칸 공의회[5]에는 등장하지 않는 바, 베유의 물음들도 달라질 수 있었을 것이다. 그렇더라도 그 물음들이 담고 있는 기본 사상은 더한층 공고해질 따름이다. 즉 "교회는 아마도 무오하지 않다. 교회는 변화하기 때문이다"라는

3 라틴어 학자 레옹 에르만Léon Hermann(1889-1984). 베유는 뉴욕으로 떠나는 배 안에서 그와 대화를 나누며, 나중에 그의 저술을 읽게 된다.

4 가톨릭의 구원관과 관련된 교리. 가톨릭교회와의 일치에서 단절되면 구원받을 수 없다는 의미로, 서기 3세기 성 치프리아누스가 이 용어를 처음 사용했다.

것이다. 여러 가지 점에서 『어느 수도자에게 보내는 편지』는 오늘날은 물론 미래의 문제들을 앞서 제기했다고 볼 수 있다.

장-피 라피에르[6]

* 1941년에서 1942년 사이의 시몬 베유에 대해서는 장-마리 페랭과 귀스타브 티봉을 통해 알려진 바들을 참조할 것(La Colombe, 1952). 베유의 친구였던 시몬 페트르망이 쓴 『시몬 베유의 삶』(Fayard, 2 vol, 1973)은 베유를 이해하는 데 토대가 되는 저작물이며, 자크 카보의 『시몬 베유의 경험』(Plon, 1957) 역시 우리의 이해를 돕는 데 한몫할 것이다. 『어느 수도자에게 보내는 편지』가 작성된 시기와 관련해서는, 자크 카보가 『뉴욕과 런던의 시몬 베유』(Plon, 1967)라는 제목으로 집필한 작은 책자를 참고하기 바란다.

5 1962년 10월 11일부터 1965년 9월 14일까지 4회기 동안 로마에서 개최된 가톨릭교회의 보편공의회. 교황 요한 23세가 시작해 바오로 6세가 마무리했다. 현대에 대한 수세적이고 방어적인 입장에 선을 긋고, 적극적이고 대화 지향적인 입장을 도입한 공의회이다.

6 Jean-Pie Lapierre(1937-)는 쇠유(Seuil) 출판사에서 30년 이상 종교·역사 분야 총서 편찬을 담당했다.

「편지」

……트리엔트 공의회[7]의 교리를 읽노라면 거기에 묘사된 종교와 나는 아무 관계가 없어 보입니다. 그러나 신약성서나 신비주의자들의 글, 교회의 전례를 읽고 있으면, 또 미사 집전 광경을 보고 있으면, 이 믿음은 내 것이라는 모종의 확신이 섭니다. 정확히 말해, 나의 불완전으로 이 믿음과 나 사이에 벌어진 거리에도 불구하고 이 믿음은 내 것일 거라는 확신입니다. 이것은 정신적으로 고통스러운 상황이 아닐 수 없습니다. 결국 저는 이 고통을 덜어 보고자 노력하는 대신 그 양상을 좀 더 명확히 해 보자는 바람을 갖게 됐습니다. 그런 명확한 이해가 가능해진다면야 그 어떤 고통이라도 달게 받을 수 있겠지요.

수년 전부터 내 안에 깃들어 나와 교회 사이에 장애물로 작용한 일부 생각들(적어도 그 몇 가지)을 열거해 보려고 합니다. 그 내용을 자세히 검토해 달라는 부탁은 아닙니다. 그런 토론을 할 수 있다면 저로선 즐겁겠지만, 그건 나중으로 미루어야 할 부차적인 일입니다.

7 1545년부터 1563년까지 이탈리아 트리엔트에서 열린 가톨릭교회의 공의회. 종교개혁으로 인한 프로테스탄티즘의 출현에 자극받은 반종교개혁의 전형으로 여겨진다.

교회의 일원이 되는 데 이 각각의 견해가 적합한지 부적합한지에 대해 분명한 답변을 주셨으면 합니다. '내 생각엔' 따위의 수식어는 배제하고 말이죠. 적합하지 않은 무언가가 있다면 제게 단호하게 말씀해 주세요. 전례법규에 나오는 이런저런 항목에 동의한다고 고백하는 사람이라고 해서 세례(혹은 사면)를 베풀지는 않겠다고요. 신속한 답변을 구하지는 않습니다. 급할 건 없으니까요. 그저 명확한 답변을 구할 뿐입니다.

이런 혼란을 드려 죄송합니다. 하지만 제가 어떻게 이 일을 피해 갈 수 있을까요? 이 문제에 대한 숙고가 제겐 단순한 유희와는 거리가 머니까요. 영원한 구원이 걸려 있다는 점에서 이는 사활이 걸린 문제이기도 하지만, 더 나아가 저 자신의 구원을 훨씬 넘어서는 중대한 문제라는 생각이 듭니다. 사활이 걸린 문제조차 이에 비하면 장난에 불과합니다.

다음에 이어지는 견해들 중 몇몇은 저에게도 의심스러운 것들입니다. 하지만 교회의 신조가 그 견해들을 오류로 단정할 경우, 그것들은 다른 견해들 못지않게 제게 심각한 걸림돌이 될 것입니다. 왜냐하면 그 견해들은 모호해서, 그것들에 대한 단호한 부정이 정당하지 않다는 걸 저 역시 확신하기 때문이죠.

그 견해들 가운데 일부(특히 비의[秘儀]나 비[非]유대-그리스도교 경전들, 멜기세덱에 관한 견해들)는 아마도 첫 수 세기 동안 옹호되었던 것들이 분명함에도 이제까지 단죄당한 적은 한 번도 없습니다. 그래서 나는 그것들이 은연중에 받아들여지게 된 건 아닌지 자문해 보게 됩니다. 어쨌거나 나 자신을 포함해 다른 이들이 공공연히 들추어 낸 이 견해들을 교회가 단죄한다 할지라도 나는 그것들이 오류라고 설득당하지 않는 한 등을 돌리지는 않을 겁니다.
수년 전부터 나는 내게 가능한 사랑과 주의력을 적극적으로 발휘해 그 문제들에 대해 생각해 왔습니다. 하지만 스스로가 너무도 불완전한지라, 발휘되는 힘 역시 몹시 미약합니다. 게다가 이 불완전은 나날이 더해 가는 듯싶습니다. 하지만 그럴수록 가톨릭 신앙에 대한 내 유대감은 점점 더 강해져 마음과 지성에 더 깊은 뿌리를 내립니다. 그런가 하면 동시에 교회로부터 나를 떼어 놓는 생각들 역시 한층 확고하고 명료해집니다. 교회의 일원이 되는 데 전혀 적절치 못한 생각들이라면 내 자신이 성사에 참여할 수 있으리라는 희망은 버려야겠지요. 그렇다면 내 소명은 교회 밖에 머무르는 그리스도인이라는 결론을 피해갈 수 없을 겁니다. 그런 소명이 가능하다는 건 교회가 이름과는 달리 실제로는 가톨릭(보편적)이 아니라는 의미이겠고요. 또한 교회가 스스로의 사명을 완수하려면 언젠가는 그렇게 되어야 한다는 의미도 되겠지요.

잇따르는 견해들은 그 개연성과 확실성에 있어 정도의 차이는 있어도 하나같이 내 마음속에서 어떤 물음표를 수반합니다. 내가 그것들을 직설적으로 표현하는 건 오로지 언어의 빈곤 탓이며, 그렇지 않았다면 보다 세심한 표현이 가능했을 거라 추측해 봅니다.

신성한 영역의 것들에 대해선 그 무엇도 단정 짓지 않겠습니다. 그러나 나의 견해들이 교회의 가르침과 일치하는 상황에서도 머릿속에선 여전히 물음표가 수반되곤 한답니다.

그 어떤 생각에 대해서도 나는 예외 없이 판단을 보류할 작정인데, 그건 지성의 영역에서 발휘되는 겸양의 미덕이겠지요.

다음은 그 생각들의 목록입니다.

1.

그리스도 이전 혹은 그보다 훨씬 앞선 시기—예컨대 5세기 전—를 상정하고 그 이후를 제외한다면, 그 당시 이스라엘은 주변 여러 민족들(인도, 이집트, 그리스, 중국)에 비해 신과 신성한 진리들에 참여하는 바가 덜했다. 사실 신에 관한 본질적인 진리는, '그분은 선하다'는 것이다. 신이 사람들에게 끔찍한 불의와 잔혹한 행위를 명령할 수 있다고 믿는다면, 신에 관해 더없이 큰 오류를 저지르게 되는 셈이다.

『일리아스』에서 제우스는 어떤 잔혹한 행위도 명하지 않는다. 그리스인들은 자비를 구하는 모든 불행한 자들 안에는 '간구하는 제우스'가 깃들어 있다고 믿었다. 반면 야훼는 '만군(萬軍)의 신'이다. 히브리인들의 역사는 별들의 역사일 뿐 아니라 이스라엘 전사(戰士)들의 역사이기도 하다는 걸 알 수 있다. 그런데 헤로도토스가 열거한 고대 그리스와 아시아의 수많은 민족들 가운데 오직 한 민족에게만 '만군의 신 제우스'가 있었다. 이 신성모독은 다른 민족들에게는 낯선 것이었다. 적어도 삼천 년 혹은 그보다 훨씬 앞서 쓰인 이집트의 『사자(死者)의 서(書)』[8]에는 복음의 자애가 배어 있다.……

(사자[死者]가 오시리스[9]에게 말한다. "진리의 주님, 당신께 진리를 바칩니다.……당신을 위해 제가 악을 멸했습니다.……저는 그 누구도 죽인 적이 없고, 그 누구의 눈에서도 눈물이 흐르게 한 적이 없습니다. 그 누구도 굶주림의 고통을 당하도록 내버려두지 않았습니다. 저로 인해 주인이 노예를 학대하는 일이 벌어진 적이 없습니다. 그 누구에게도 두려움을 주지 않았고, 언성을 높인 적도 없습니다.
공정하고 참된 말에 귀를 막은 적이 없고, 영예를 얻고자 제 이름을 내세우지 않았습니다. 신께서 자신을 드러내실 때 모르는 척하지도 않았습니다.……")

하지만 히브리인들은 4세기에 걸쳐 이집트 문명을 접하면서도 이처럼 온화한 정신을 받아들이려 하지

8 고대 이집트 시대에 관 속에 미라와 함께 매장하곤 했던 사후세계에 관한 안내서.

9 고대 이집트 신화에 나오는 풍요와 농업, 초목의 신인 동시에, 내세와 부활과 생명의 신이다.

않았다. 그들은 힘을 원했다.……

바빌론 유수 이전의 성서 텍스트들은 모두 신에 대한 철저한 오류로 오염되어 있는 듯하다. 욥기(주인공은 유대인이 아니다), 아가서(정말로 유배 이전의 저작물인가?), 다윗의 몇몇 시편(다윗의 것이 확실한가?)을 제외하고 말이다. 유대 역사에 등장하는 완벽하게 순수한 첫 번째 인물은 다니엘(갈대아[10] 지역의 지혜를 전수받은)이다. 아브라함을 비롯한 다른 이들의 삶은 모두 끔찍한 일들로 더럽혀져 있다(아브라함은 우선 아내에게 매춘을 시킨다).

그러고 보면 이스라엘은 갈대아와 페르시아 혹은 그리스의 이방 전통들로부터, 그것도 유배 생활 덕분에, 신에 대한 가장 중요한 진리, 곧 신은 강한 분이기에 앞서 선한 분이라는 것을 배웠다고 할 수 있다.

10 바빌로니아 남부의 한 지역과 그 주민들을 부르던 이름이었으나 나중에는 바빌로니아 전체를 지칭하게 되었다.

2.

우리가 우상숭배라 부르는 건 대부분 유대교 광신주의가 만들어 낸 허구이다. 모든 시대 모든 민족은 어김없이 일신론을 믿었다. 그런데 전성기 시절의 히브리인들이 되살아나 손에 무기가 쥐어진다면 그들은 우리 모두를—남녀노소를 불문하고—우상숭배라는 죄목으로 절멸할 것이다. 그리스도를 바알[11]이라, 성모를 아스다롯[12]이라 여기면서, 바알과 아스다롯을 숭배하는 우리를 질타할 것이다.

바알과 아스다롯은 그리스도와 성모에 해당하는 형상일 수도 있다.

바알과 아스다롯 숭배에 수반되었던 방탕한 행위들을

11 셈어로 '왕', '주인'이라는 의미로서, 메소포타미아 일대의 태양신이자 폭풍우와 비, 번개, 풍요의 신이기도 하다. 그 당시 종교에서는 신의 이름을 부르는 것이 금기시되었으므로 바알(주님)로 구전되다가 나중에 신의 이름처럼 불리게 되었다.

12 바알의 배우자로서 고대 근동 지방에서 널리 숭배되었다. 풍요와 사랑, 전쟁을 상징하는 여신.

비난할 수도 있다. 그러나 그런 일들은 오늘날 우리가 생각하는 것보다 훨씬 드물었을 것이다.

야훼 숭배와 관련된 잔인한 행위들과 그가 명령한 몰살 행위 역시 마찬가지로 끔찍한 오점이다. 잔인함은 음욕보다 더 끔찍한 범죄이다. 한편 음욕은 육체의 합일만큼이나 살인을 통해서도 충족된다.

소위 말하는 이교도들이 자신들의 신상(神像) 앞에서 느꼈던 감정은 오늘날 십자가상이나 성모상, 성인상이 불러일으키는 감정과도 같았을 것이다. 양쪽 모두, 정신적·지적 수준이 보잘것없는 자들의 동일한 일탈이다.

우리도 흔히 어떤 특정 성모상에 초자연적 효험이 있다고 여기지 않는가?

때로 그들이 돌이나 나무에 절대적인 신성(神性)을 부여한다 해도 어쩌면 근거 있는 믿음이었을 것이다. 우리 역시 빵과 포도주에 신이 임재한다고 믿지 않는가? 모종의 의식에 따라 제작되고 축성된 신상들 안에는 어쩌면 신이 실재로 임재했을지도 모른다.

진정한 우상숭배는 탐욕이다(골로사이 3:5). 그런데 유대 국가는 자신들의 신을 경배하는 순간에도 물질적 부를 갈구했으니 바로 탐욕의 죄를 저지른 것이다. 히브리인들은 금속이나 나무를 우상으로 삼는 대신, 마찬가지로 지상의 것인 혈통과 민족을 우상으로 삼았다. 그들의 종교는 선민사상 때문에 본질적으로 우상숭배와 다르지 않다.

3.

엘레우시스[13]신비 의식과 오시리스 신비 의식은 오늘날 우리가 이해하는 의미의 성사로 간주되었다. 아마도 그 제의는 세례나 영성체와도 동일한 효력을 지닌 것이었으며, 그리스도의 수난이 그 제의에서도 똑같은 힘을 발휘하는 진정한 성사였을지도 모른다. 다만 오늘날엔 과거의 사건인 그 수난이 그 제의에선 미래의 일이었다. 과거와 미래가 대칭을 이루고 있는 것이다. 하지만 신과 인간의 관계, 곧 영원이라 불리는 이 관계에서 시간의 순서는 결정적인 역할을 담당하지 못한다.

대속(代贖)이 그 말에 상응하는 표지와 수단을 지니고 태초부터 지상에 존재하지 않았다면 우리는 신을 용서할 수—신성모독의 의도 없이 감히 고백하건대—

13 고대 그리스 마을인 엘레우시스를 기반으로 그리스 신화의 두 여신인 데메테르와 페르세포네를 섬기며 매해 혹은 5년마다 개최한 신비제전이다. 이 비의의 핵심은 지하 세계의 신 하데스가 납치해 간 페르세포네를 어머니 데메테르 여신이 엘레우시스에서 발견하고 만나는 장면에 있다.

없을 것이다. 기원전 수세기 동안 추방당하고 노예가 되고 고문당하고 죽임을 당한 수많은 무구한 자들의 불행에 대해 말이다. 범죄와 불행이 존재하는 곳이면 어디든 그곳엔 그리스도가—사람들이 그를 쫓아내지만 않는다면—현전한다. 이 현전의 초자연적인 작용이 없다면 불행에 짓눌린 무구한 자들은 신을 저주하고 잇달아 영벌에 빠지는 죄를 범할 수밖에 없지 않을까?

한편 성 요한은 '창세로부터 죽임을 당한 어린양'[14]에 대해 말한다.

그리스도 이전에도 그리스도교가 담고 있는 내용이 존재했다는 증거가 있으니, 그리스도가 오고 나서도 사람들의 행동에는 뚜렷한 변화가 없었다는 것이다.

14 요한묵시록 13:8.

4.

유대-그리스도교 경전들과 동일한 방식의 계시를 받은 신성한 경전들이 아마도 다양한 민족들(인도, 이집트, 중국, 그리스) 사이에 존재했다. 오늘날에도 여전히 존재하는 일부 텍스트들은 어쩌면 그 파편들이거나 반향일지 모른다.

5.

멜기세덱에 관한 성서의 구절들(창세기, 시편, 바울로 서신)은 이스라엘의 여명기부터 이스라엘 바깥에 그리스도교와 동일한 수준의 신 인식과 숭배가 존재했음을 증명하는데, 그것들은 일찍이 이스라엘의 소유였던 그 모든 것보다 무한히 우월한 것이었다.

그 무엇도 멜기세덱과 고대의 비의(秘儀) 사이의 연관성을 배제할 수 없다. 빵과 데메테르, 포도주와 디오니소스 사이에는 유사성이 존재한다.

창세기에 따르면 멜기세덱은 가나안의 왕이다.[15] 그렇다면 학살[16]이 있던 당시 가나안 마을들의 부패와 불경은 불과 몇 세기 전부터의 일이거나, 아니면 히브리인들이 그 희생자들을 폄하하기 위해 꾸며 낸 것일 수 있다.

15 창세기 14:17-20. 아브라함은 전쟁에서 승리하고 돌아오는 길에 가나안의 살렘 왕 멜기세덱을 만나고, 멜기세덱은 아브라함을 떡과 포도주로 축복한다.

16 신명기 7:1-2, 20:16-18.

6.

"아브라함은 나의 날을 보았다"[17]고 하신 그리스도의 말과 관련지을 때, 성 바울로가 멜기세덱에 대해 언급한 구절[18]은 멜기세덱이 이미 말씀의 육화였음을 의미할 수도 있다.

어찌 됐든, 예수 이전에는 말씀의 육화가 없었다고 단정 지을 수는 없다. 이집트의 오시리스, 인도의 크리슈나가 그런 육화 가운데 하나일 수도 있기 때문이다.

17 요한 8:56.
18 히브리 7:1-3.

7.

오시리스가 그리스도와 같은 방식으로 신인 동시에 이 땅에 살았던 인간은 아니라 해도, 오시리스의 이야기는 구약성서에서 진리라고 불린 그 어떤 것보다 더 명료하고 완전하며 진리에 가까운 예언이다. 죽었다가 부활한 다른 신들의 경우도 마찬가지다.

오늘날 이 문제는 극도의 중요성을 지닌다. 지난 20세기 동안 그리스도교 국가들에서 세속 문명과 영성 사이에 반목이 존재했으며 그 반목은 점점 더 악화되어 가고 있기 때문이다. 우리의 문명은 이스라엘과 무관하며 그리스도교에도 빚진 바가 거의 없다. 이 문명은 대부분 그리스도교 이전의 고대(게르만, 드루이드, 로마, 그리스, 에게-크레타, 페니키아, 이집트, 바빌로니아 등……)에 빚지고 있다.

이 고대와 그리스도교 사이에 넘을 수 없는 벽이 있다면, 우리의 세속적인 삶과 영적인 삶 사이에도 똑같은 벽이 있는 셈이다. 그리스도교가 참으로 성육신하기 위해서는, 또 그리스도교적 영감이 삶 전체에 스며들려면, 먼저 깨달아야 할 점이 있다. 즉 역사적으로 우리의 세속 문명은 종교적 영감으로부터—그리스도교보다 연대는 앞서지만 본질적으로 그리스도교적인—유래했다는 사실이다. 신의 지혜야말로 이 세상 모든 빛의 유일한 근원으로 여겨져야 한다. 세상사를 비추는 몹시 희미한 빛들까지 포함해서 말이다.

프로메테우스에 대해서도 같은 말을 할 수 있다. 프로메테우스의 이야기는 영원 속에 투사된 그리스도의 이야기이기도 하다. 단지 정해진 시간과 공간이 결여되어 있을 뿐이다.

그리스 신화는 예언들로 넘쳐난다. 요정 이야기라 불리는 유럽 민간 설화도 마찬가지이다.

수많은 그리스 신들의 다양한 이름은 아마도 단 하나의 신성한 위격, 곧 '말씀'을 가리킨다. 디오니소스, 아폴로, 아르테미스, 천상의 아프로디테, 프로메테우스, 에로스, 프로세르피나, 그 밖의 다른 신들의 경우가 그렇다.

헤스티아, 아테나, 그리고 어쩌면 헤파이스토스는 성령의 이름들이다. 헤스티아는 중앙에 위치한 화로다.[19] 아테나는 제우스가 임신 중인 아내 '지혜'를 먹어 버린 뒤 그 머리에서 태어났다. 그러므로 그녀는 신과 그의 지혜에서 유래한다. 올리브나무가 그녀의 상징물인데, 그리스도교 성사에서 올리브 기름은 성령과 밀접한 연관성을 지닌다.

그리스도의 어떤 행적이나 말씀을 두고 우리는 "예언이 이루어져야만 했다"라고 설명한다. 여기서 의미하는 건 히브리 예언이다. 그러나 비(非)히브리 예언과 관련지어 같은 방식으로 설명될 수 있는 다른 행위나 말들도 있다.

19 헤스티아는 가정의 중심인 화로의 수호신이다. 그녀는 언제나 화로 곁에서 불을 지키는, 평화를 사랑하는 자애로운 여신이다.

그리스도가 물을 포도주로 바꾸며[20] 시작한 공생애는 포도주를 피로 변화시키면서 마무리된다. 그런 식으로 그는 디오니소스와의 연관성을 드러낸다. “나는 참 포도나무요”[21]라는 말 역시 그렇다.

“한 알의 밀알이 떨어져 죽지 않으면”[22]이라는 말은 죽어서 부활하는 신들과의 유사성을 보여준다. 바로 아티스와 프로세르피나처럼 초목을 자신들의 이미지로 삼고 있는 신들이다.

성모의 모성은 영원히 순결한, 만물의 어머니라는 어떤 본질에 있어서 플라톤의 『티마이오스』[23]에 나오는 말과 신비로운 연관성을 지닌다. 데메테르나 이시스 같은 고대의 모든 어머니 신들은 동정녀의 모습이었다.

십자가와 나무, 십자가형과 교수형 간의 끈질기게 되풀이되는 비교는 이제는 사라져 버린 신화들과 분명 관련이 있을 것이다.

20 요한 2:1-12.

21 한 15:1.

22 요한 12:24.

23 소크라테스와 티마이오스, 크리티아스, 헤르모크라테스, 그리고 익명의 한 사람 간에 오간 이야기를 대화체로 쓰고 있으며, 우주와 인간, 혼과 몸 등에 대해 이야기한다.

스칸디나비아의 시 「오딘의 룬」[24]은 어떤 그리스도교적 영향도 받지 않은 그 이전의 것이다(증명할 수는 없지만). 그럼에도 그 안에는 몹시 놀라운 예언이 들어 있다.

"나는 나 자신이 바람에 흔들리는 한 나무에 아홉 밤을 내리 매달렸었다는 걸 안다. 창에 찔리고, 오딘에게—내가 나 자신에게—바쳐진 채로. 그것은 어떤 뿌리에서 뻗어 나왔는지 아무도 모르는 나무였다."

"아무도 내게 빵을 주지 않았고, 물을 마실 각적도 주지 않았다. 나는 아래를 내려다보며 룬 문자들에 열중했다. 울면서 그걸 배웠고, 그런 다음 거기서 내려왔다"(고[古] 에다).[25]

'신의 어린양'이라는 말은 오늘날 이른바 토테미즘이라 불리는 전통들과 연관되어 있다. 헤로도토스에 나오는 제우스 암몬 이야기(제우스는 수양을 도살해, 그를 보고 싶어 하는 자 앞에 양털로

24 북유럽 신화에서는 오딘이 룬 문자를 알아낸다. 애초에 오딘은 우르드와 그 동생들만 아는 비밀스러운 지식인 룬 문자를 탐냈다. 그러나 룬의 지혜를 얻으려면 세계수(世界樹) 위그드라실 아래에 있는 우르드의 우물을 응시하며 자신의 가치를 증명해야만 했다. 그래서 오딘은 위그드라실 가지에 목을 매고 스스로를 창으로 찌른 뒤 밑에

뒤덮인 모습으로 나타난다)를 “창세 이후로 도살당한 어린양”이라는 성 요한의 말과 견주어 보면 그 점을 명확히 파악할 수 있다. 신이 기뻐하신 첫 제사는 아벨의 제사였다.[26] 즉 동물을 제물로 바치는 것이었는데, 이것이 미사 전문(典文)에서는 그리스도의 희생제사라는 형태로 등장한다. 두 번째 제사인 노아의 제사[27]도 마찬가지인데, 그것은 인류를 신의 분노로부터 결정적으로 구해 내고 신과 사람들 사이에 계약을 이끌어 냈다. 이것들은 그리스도 수난의 결과물이기도 하다. 둘 사이엔 몹시 신비로운 유사성이 존재한다.

아주 먼 고대에는 사람들이 먹기 위해 도살하는 동물들 안에 신이 실재한다는 믿음이 있었던 듯하다. 신이 그것들 안에 강림해 자신을 인간에게 양식으로 내어 준다는 믿음이다. 그렇게 사람들이 먹는 동물이 영성체가 되었다. 그렇다면 다른 방식으로 동물을 먹는 건 범죄가 되고 만다. 우리가 데카르트의 견해를 다소라도 받아들인다면 모를까.[28]

있는 우물을 내려다보았다. 그렇게 아흐레가 지났을 때 우물은 오딘의 희생을 인정하고 비로소 그에게 룬의 깊은 지혜를 허락했다. 오딘은 룬의 지혜를 얻은 뒤 “나는 이제야 참으로 자유로워졌다”라는 노래를 부르며 기뻐했다.

25 에다는 북유럽 신화의 근간이 되는 신화를 모아 놓은 서사집으로서 북유럽 신화 연구를 위해

오늘날 축성된 면병 안에 그렇듯, 아마도 이집트 테베에선 제의에 의해 희생된 수양 안에 신이 실제로 현전했다.

그리스도가 십자가에 못 박힌 순간 태양이 양자리에 있었다는 사실을 주목할 필요가 있다.

플라톤은 『티마이오스』에서 우주의 천문학적 구조를 두고 '세상의 영혼'이 십자가에 못 박힌 것으로 묘사한다. 그 교차점이 춘분점, 곧 양자리다.

여러 텍스트에서 지적된바(『에피노미스』, 『티마이오스』, 『향연』, 필롤라오스, 프로클로스), 어떤 수와 기준 단위 '하나' 사이의 비례평균이라는 기하학적 구조는 그리스 기하학의 핵심으로서 신과 인간 사이의 신성한 중재의 상징이었다.

그런데 복음서에 나오는(특히 성 요한) 그리스도의 수많은 말들은 몹시 끈질기게도—어떤 의도를 추정할 수밖에 없는—비례평균의 대수학적 형태를

가장 중요하고 방대한 자료이다. 운문 형태의 고(古)에다와 산문으로 쓰인 신(新)에다가 있다.

26 창세기 4:4.

27 창세기 8:20.

28 데카르트는 동물을 복잡한 기계에 불과하다고 생각했다.

지닌다. 예를 들면 "내 아버지가 나를 보내신 것 같이 나도 너희를 보낸다"라는 식이다. 똑같은 관계가 아버지를 그리스도와, 그리스도를 제자들과 하나 되게 하는 것이다. 그리스도는 신과 성인들 사이의 비례평균이다. '중재'라는 단어 자체가 그 사실을 가리킨다.

시편의 메시아, 이사야서의 고통 받는 의인, 창세기의 구리 뱀에서 그리스도가 자신의 모습을 인식했듯이, 그리스 기하학의 비례평균에서도 마찬가지였다. 이제 후자는 가장 명백한 예언이 되고 있다.

엔니우스[29]는 피타고라스적인 어떤 글에서 이렇게 말한다. "우리는 달을 '프로세르피나'[30]라 부른다.…… 뱀처럼 달 또한 때론 왼쪽, 때론 오른쪽으로 몸을 틀기 때문이다."

'말씀'과 동일시될 수 있는 중재의 신들은 모두 달의 신들로서, 초승달을 연상시키는 각적이나 리라 또는 활을 들고 있다(오시리스, 아르테미스, 아폴로, 헤르메스,

29 Quintus Ennius(B.C. 239-B.C. 169). 고대 로마 초기의 시인이며 극작가.

30 그리스·로마 신화에 나오는 저승의 신 하데스의 부인 페르세포네의 로마식 이름.

디오니소스, 자그레우스, 에로스……). 프로메테우스만 예외이다. 그런데 아이스킬로스에서는 이오[31]가 그에 필적하는 인물로서, 프로메테우스가 십자가에 매달리듯 그녀는 영원한 방랑의 신세가 되는데, 그녀에겐 뿔이 있다. (십자가에 달리기 전 그리스도는 방랑자였음을 주목하자. 또한 플라톤이 묘사한 에로스 역시 가련한 방랑자이다.)

태양이 성부를 상징한다면, 달은 찬란한 태양의 완벽한 반영이다. 우리가 생각에 잠겨 바라보게 되는, 점점 작아져 사라지고 마는 이 물체는 성자(聖子)의 상징이다. 그렇다면 빛은 성령을 상징한다.

헤라클레이토스가 삼위일체를 인지했음은 남아 있는 그의 글들을 통해 짐작할 수 있다. 그에게 영감을 받은 클레안테스의 「제우스 예찬」에서도 그 사실이 뚜렷이 드러난다. 삼위는 제우스, 로고스, 신성한 불 혹은 벼락이다. 클레안테스가 제우스에게 말한다. "이 우주는 당신의 지배에 동의합니다(ἑχὼν χρατείται). 당신이 보이지 않는 양손 아래—양날을 지닌 영원히

31 그리스·로마 신화에 등장하는 님프. 제우스와 헤라의 부부싸움에 말려들어 암소가 되어 등에를 피해 달아나다가 흑해를 통해 바다 건너 이집트까지 가게 된다.

타오르는 불, 벼락이 되어—붙들고 계신 종의 역할이 그것입니다.” 벼락은 강요의 수단이 아니며, 동의와 자발적인 복종을 불러일으키는 불이다. 다시 말해 그것은 ‘사랑’이다. 그런데 이 사랑이 종이요, 영원히 살아 계신 존재이므로, 하나의 인격인 것이다. 몹시 오래된 크레타의 부조(浮彫)에 담긴 양날 도끼(벼락의 상징)를 든 제우스의 모습은 이미 그런 의미를 내포하고 있었을 것이다. “나는 평화를 주러 온 게 아니라 검을 주러 왔다”[32]고 하신 그리스도의 말과 이 ‘양날’ 간에 유사성을 유추해 볼 수 있다.

불은 신약성서에서 끊임없이 성령을 상징한다.

헤라클레이토스의 계승자들인 스토아주의자들은 프뉴마(pneuma)[33]를 ‘불’이라 부르며 그 에너지가 세상의 질서를 떠받친다고 믿었다. 프뉴마는 불처럼 타오르는 숨결이다.

스토아주의자들과 피타고라스주의자들에 의하면, 육신의 생성을 야기하는 씨앗, 곧 정액은 액체와

32 마태오 10:34.

33 ‘숨’, ‘호흡’을 의미하는 고대 그리스어 단어. 종교적 문맥에서 영혼·정신을 뜻한다.

뒤섞인 프뉴마이다.

새로운 탄생에 관한 그리스도의 말, 그리고 세례에 대한 잇따르는 모든 상징을 제대로 이해하려면 무엇보다 생성과 관련된 피타고라스와 스토아학파의 개념들을 함께 살펴보아야 한다. 실제로 유스티니아누스[34]는 세례를 생성에 비유하고 있다. "새끼염소야, 너는 젖 속에 떨어졌다"라는 오르페우스[35]의 말 역시 세례와 관련지어 해석할 수 있을 것이다. (고대인들은 젖이 아버지의 정액으로 만들어진다고 믿었으니까.)

"위대한 판(Pan)은 죽었다"[36]라는 유명한 말은 어쩌면 우상의 소멸이 아니라 그리스도의 죽음을 선포하는지도 모른다. 그리스도가 위대한 목신(판), 위대한 '전부'라면 말이다. 플라톤은 『크라틸로스』에서 목신은 '로고스'라고 말한다. 그리고 『티마이오스』에서는 '세상의 영혼'에 '로고스'라는 이름을 붙인다.

34 로마제국 제61대 황제. 『로마법대전』을 편찬하고 전제 군주제를 확립했다. 정교회의 시성을 받고 성 유스티니아누스로 불린다.

35 그리스·로마 신화의 영웅. 특이하게도 노래와 연주를 통한 음유시인으로 활약한 영웅이다.

36 플루타르크 이래로 여러 시와 노래에 쓰인 표현. 예수의 탄생과 더불어 이전 시대의 신인 판(목신)은

성 요한은 로고스와 프뉴마라는 말을 사용하며 그리스 스토아주의(카토와 부르투스의 스토아주의와는 구별되는!)와 그리스도교 간의 깊은 유사성을 드러내 보인다.

플라톤은 자신이 분명히 이해한 바를 저술 속에 지적해 두었다. 즉 삼위일체, 중재, 성육신, 수난의 교리를 비롯해 사랑에 의한 구원과 은총의 개념이다. 또한 그는 신은 선(善)이라는 근본적인 진리를 알고 있었다. 그렇기 때문에 신은 '전능하신 분'이라는 것까지도.

"나는 세상에 불을 지르러 왔다. 그 불이 이미 타올랐다면 얼마나 좋았겠느냐?"[37]라고 말하며 그리스도는 프로메테우스와의 유사성을 드러낸다.

"나는 길이다"[38]라는 그의 말에서 길은 중국의 '도'(道)에 해당한다. 본디 '길'을 의미하는 이 단어는 또한 은유적 표현으로서, 구원의 방도인 한편 중국인의 영성이 지향하는 비인격적인 신이기도 하다.

죽었다는 의미이다. 목동들의 신일 뿐 아니라 고대의 신 전체를 대표하는 판의 죽음은 한 시대의 종말을 선포하기도 한다.

37 루가 12:49.

38 요한 14:6.

그런데 이 비인격적인 신이 현자들의 모범으로서 끊임없이 영향을 미친다.

"나는 진리다"라는 그의 말은 진리의 주이신 오시리스를 떠올리게 한다.

그리스도의 가장 중요한 말 가운데 하나인 "진리를 행하는 이들"(ποιοῦντες ἀλήθειαν)[39]은 그리스적 표현이 아니며, 내가 아는 한(확인해 봐야 할 문제지만) 히브리적 표현도 아니다. 오히려 이 말은 이집트식 표현이다. 마아트[40]는 정의인 동시에 진리를 의미한다. 의미심장한 일이 아닐 수 없다. 성(聖)가족이 이집트에 갔었다는 사실은 어떤 의미를 담고 있음이 분명하다.

죽음으로 간주되는 세례는 고대의 입교 의식에 해당한다. 로마의 클레멘스[41]는 '세례받은 자'를 뜻하는 '입교자'라는 단어를 사용한다. 성사를 가리켜 '비의'(秘儀)라는 말을 사용한 것도 같은 맥락에 속한다. 원형 세례당은 헤로도토스에 따르면

39 요한 3:21.

40 이집트 신화에 나오는 법과 정의, 조화, 진리, 지혜의 여신.

41 가톨릭 제4대 교황인 클레멘스 1세(?-101년 경). 트라야누스 황제의 박해 때 크림반도로 귀향을 가 그곳 광산에서 일하는 동료 죄수들에게 설교하여 개종자가 많이 나왔다고 한다. 하지만 그 때문에

오시리스의 수난의 신비가 거행된 돌 수반과 아주 흡사하다. 아마도 양쪽 다 먼바다를 상기시킨다. 노아의 방주와 오시리스의 방주가 떠다니는 먼바다. 방주는 십자가라는 나무 이전에 인류를 구한 나무이다.

신화와 민담의 수많은 이야기들이 그리스도교의 진리들로 해석될 수 있을 것이다. 그 진리들을 조금도 왜곡하거나 변형하지 않고 오히려 그 이해를 크게 도와 주는 것으로서 말이다. 그렇게 해서 그리스도교의 진리들 또한 명확한 모습을 드러낼 것이다.

사형선고를 받고 목에 닻을 매단 채 흑해에 던져져 순교했다.

8.

어떤 사람이 순수한 마음으로 오시리스, 디오니소스, 크리슈나, 부처, 도(道) 등을 부를 때마다 신의 아들이 그에게 성령을 보내며 응답했다. 성령이 그의 영혼에 작용해 그의 종교 전통을 버리게 하는 것이 아니라, 그 전통 내부에 머무르는 그에게 빛을—최선의 경우, 충만한 빛을—던져 주었다.

그리스인들의 기도는 그리스도인의 기도와 매우 흡사하다. 아리스토파네스의 『개구리들』[42]에서 아이스킬로스는 “제 생각을 살찌우시는 데메테르여, 저로 하여금 당신의 신비에 합당한 자 되게 하소서!”라고 말한다. 이것은 성모께 바치는 기도와 매우 흡사할 뿐 아니라 동일한 효력을 지닌다. 멋진 운문으로 이루어진, 묵상에 대한 그의 묘사 역시

42 B.C. 405년에 초연된 아리스토파네스의 희극. 국력이 바닥난 아테네 재건을 위해 디오니소스가 3대 비극시인인 아이스킬로스와 에우리피데스 중 한 사람을 되찾아오려고 저승으로 길을 떠나면서 벌어지는 이야기이다.

완벽하다. “생각이 제우스께로 향해 그의 영광을
선포하는 자 누구나 넘치도록 지혜를 받을 것이다.”
(그는 삼위일체를 알고 있었다. “……제우스 곁에 그의
행위와 그의 말이 자리한다.”)

그러므로 아시아든 아프리카든 오세아니아든,
사람들을 교회로 불러들이기 위해 선교단을 파견할
필요는 없다.

9.

"만방에 나가 가르치며 그들에게 소식을 전하라"[43]고 그리스도가 말했을 때, 그건 '소식'을 전하라는 것이지 어떤 '신학'을 가르치라 명한 것이 아니다. "오직 이스라엘의 양들을 위해" 온 그가 이스라엘 종교에 이 소식을 덧붙인 것이다.

아마도 그는 사도들이 저마다 가 있게 된 나라의 종교에 그리스도의 삶과 죽음에 관한 기쁜 소식을 더하기를 바랐을 것이다. 그러나 이 명령은 유대인들의 뿌리 깊은 민족주의 탓에 제대로 이해되지 못했다. 결국 그들은 자신들의 경전을 어딜 가나 들이밀고 다녀야 했다.

사도들이 그리스도의 명령을 잘못 이해했다고

43 마태오 28:19-20.

추정한다는 건 큰 오만이라고 누군가 생각한다면 나는 이렇게 대답할 것이다. 몇 가지 점에서 그들의 오해가 있었음은 확실하다고. 부활하신 그리스도가 "만방(혹은 이방인들)에 나가 가르치며 그들에게 세례를 베풀라"고 말씀하신 후에도, 또 제자들과 함께 사십 일을 보내며 그들에게 자신의 신조를 드러내신 후에도, 베드로는 어떤 특별한 계시를 받고 어떤 꿈을 꾸고 나서야 한 이방인에게 세례를 베풀기로 했으며,[44] 또한 자신의 행동을 주변인들에게 설명하기 위해 그 꿈을 내세워야 했던 것이다. 바울로 역시 할례의 관습을 없애기 위해 무척이나 애를 먹었다.

그런가 하면 성서엔 열매를 보면 나무를 안다고 쓰여 있다.[45] 그런데 나쁜 열매를 그렇게나 많이 맺은 교회를 두고 처음부터 무오(無誤)했다는 말을 할 수는 없다.

유럽은 우리네 문명이 지닌 온갖 요소들의 뿌리이기도 한 고대로부터 단절됨으로써 정신적으로 뿌리 뽑히게 되었다. 그런데 16세기부터 그 유럽이 다른 대륙들로

44 사도행전 11:1-18
45 루가 6:44

가서 뿌리 뽑기를 자행했다.

그리스도교는 스무 세기가 지난 뒤에도 사실상 백인종으로부터 벗어나지 못했고, 가톨릭은 한층 더 제한적이었다. 아메리카 대륙은 16세기 동안이나 그리스도에 관해 전해 들은 바가 없었고(바울로는 "모든 피조물에게 전해진 소식"이라고 말했지만), 그곳의 민족들은 그리스도를 미처 알기도 전에 몹시 잔인하게 유린당했다. 선교사들의 열의는 아프리카, 아시아, 오세아니아를 그리스도교화하는 대신 그 대륙들을 백인들의 냉혹하고 잔인하고 파괴적인 지배 아래 놓고 모든 걸 짓밟고 말았다.

그리스도의 말이 제대로 이해되었음에도 그런 결과를 초래했다는 건 이상한 일이다.

그리스도는 "만방에 나가 가르치고 믿는 자들에게 세례를 베풀라"고 했는데, 그건 그를 믿는 자들에게 그렇게 하라는 것이다. 그는 결코 "그들로 하여금 그들 조상들이 거룩하다고 여겼던 모든 걸 부인하고 어느 낯선 민족의 역사를 신성한 책으로 받아들이도록 강요하라"고 하지는 않았다. 내가 들은 바로는 힌두교도들에게 비슈누와 시바를 부인할 것을 선교사들이 조건으로 내세우지만 않는다면, 그들이 자신들의 전통 때문에 세례를 못 받는 일은 없을 것이다. 어느 힌두교도가 비슈누는 '말씀'이며 시바는 '성령'이라고 믿는다면, 또 '말씀'이 예수 안에서 성육신하기 전에 크리슈나와 라마 안에서 그러했다고 믿는다면, 그가 무슨 명목으로 세례를 거부하겠는가? 중국 선교와 관련해 예수회 수도자들과 교황청 간에 벌어진 불화를 두고 볼 때, 그리스도의 말씀을 실천한 자들은 예수회 수도자들이다.[46]

46 16세기 말부터 중국에 진출한 예수회 수도자들은 현지 문화를 존경하는 적응주의 선교 방식을 통해 가톨릭 신앙을 전파했다. 대표적인 인물로 이탈리아 출신 사제 마테오 리치(1552-1610)가 있다.

10.

선교 활동—특히 17세기 중국에 파견된 예수회 선교사들의 정책이 규탄을 받은 이래로 이루어진—은 아마도 특별한 경우를 제외하고는 옳지 못한 것이었다. 심지어 순교를 당한 선교사들조차도 전함과 대포를 너무 가까이 두었기에 '신의 어린양'이 진정한 증인이 될 수는 없었다. 그럼에도 선교사들이 당한 일에 대한 보복 행위들을 교회가 공식적으로 비난하고 나서는 걸 나는 본 적이 없다.

나라면 선교 사업에 단 한 푼도 바치지 않을 것이다. 사람이 종교를 바꾼다는 건 작가가 언어를 바꾸는 것 만큼이나 위험하다. 성공할 수도 있겠지만, 치명적인 결과를 초래할 수도 있는 일이다.

11.

가톨릭은 다른 종교들이 함축하는 진리들을 공공연히 명시한다. 그런가 하면 반대로 다른 종교들 역시 그리스도교가 함축적으로만 내포한 진리들을 공공연히 명시한다. 몹시 박식한 그리스도인일지라도 다른 종교 전통들에서 신성한 것들을 아주 많이 배울 수 있다. 내면의 빛에 힘입어 자신의 종교를 통해서도 모든 걸 깨달을 수 있긴 하지만 말이다. 그렇긴 해도 이 다른 전통들이 지상에서 사라진다면 돌이킬 수 없는 손실이 될 것이다. 그런데 선교사들은 이미 그런 결과를 너무 많이 초래했다.

십자가의 성 요한[47]은 진리가 금이라면 신앙은 은의 반영(反影)들이라 보았다. 여러 올바른 종교 전통들은 동일한 진리에 대한 각기 다른 반영들로서 아마도

47 Saint John of the Cross(1542-1591). 가르멜회 수사였으며 사제였다. 신비주의자로서 로마가톨릭교회의 성인. 그의 시와 연구물은 스페인 문학 및 신비주의 문학의 정점으로 간주된다.

똑같이 소중한 것들이다. 우리가 이 사실을 인지하지 못하는 건, 누구나 하나의 전통 안에서 살아가며 나머지 것들은 외부인의 시각으로 바라보기 때문이다. 그런데 가톨릭 신자들이 비신자들에게 끊임없이 되풀이해 말하듯, 하나의 종교는 그 내부로부터만 이해될 수 있다.

그건 마치 서로 연결된 방에 있는 두 사람이 각자 창밖의 태양을 보고 또 햇살을 받아 환해진 옆방 벽을 보면서, 저마다 자신만이 해를 보고 있으며 옆방의 사람은 그저 그 반사광을 볼 뿐이라고 믿는 것과 같다.

교회는 소명의 다양성이 소중하다는 걸 인정한다. 이 생각을 교회 밖에 자리한 여러 소명들에도 적용해야 한다. 그런 소명들이 존재하기 때문이다.

12.

힌두교도들의 말대로 신은 인격체인 동시에 비인격체이다. 신이 인격을 이루는 무한히 신비로운 방식이 인간의 방식과는 무한히 다르다는 의미에서 그는 비인격적이다. 상반되는 그 두 개념—이 땅에선 양립 불가능해도 신 안에선 가능한—을 두 집게발처럼 동시에 사용함으로써만 우리는 그 신비를 파악할 수 있게 된다. (피타고라스학파가 이해했듯이, 쌍을 이루는 무수한 반대 개념들의 경우도 마찬가지이다.)

신을 셋인 동시에—연속적이 아니라—하나라고 생각하려면(가톨릭 신자들에겐 몹시 드문 일인데) 그를 인격적인 동시에 비인격적인 존재라고 상정할 수밖에 없다. 그렇지 않다면 때론 한분이신 신성한 인격으로, 때론 세 명의 신으로 상상하게 된다.

많은 그리스도인들이 이런 갈팡댐을 진정한 신앙과 혼동하고 있다.

십자가의 성 요한처럼 아주 높은 영성을 지닌 성인들은 신의 인격적인 면모와 비인격적인 면모를 동시에, 동등한 힘으로 인식했다. 그러나 그만한 차원에 도달하지 못한 영혼들은 이 두 면모 중 특히—혹은 전적으로—어느 한 면모에 주의와 믿음이 쏠리게 된다. 리지외의 성녀 테레즈[48]는 인격체인 신만을 상상했다.

서구에서 '신'이라는 말은 일반적으로 어떤 인격체를 의미한다. 따라서 신의 비인격적인 면모에만 주의력과 믿음과 사랑이 쏠리다시피 한 사람들은 그들 영혼에 초자연적인 사랑이 깃들어 있음에도 스스로를 무신론자라 믿거나 무신론자라 고백한다. 그들은 분명 구원받은 이들이다.

누가 그런 사람들인지, 이 세상 것들에 대한 그들의 태도를 보면 알 수 있다. 순수한 마음으로

48 소화 데레사(1873-1897). '예수의 작은 꽃', 혹은 단순히 '작은 꽃'(小花)이라고 불린다. 본명은 마리 프랑수아즈 테레즈 마르탱.

이웃을 사랑하고 세상의 이치—불행을 포함해—를 받아들이는 이들은 모두, 설령 그들이 무신론자로 살고 죽는다 해도, 분명 구원받은 이들이다.

이 두 덕목을 완벽히 소유한 자들이라면, 무신론자로 살고 죽을지언정 그들은 성인(聖人)이다.

그런 이들을 설득해 신앙을 가지도록 하는 건 무의미하다. 겉으로 드러나 보이진 않아도 그들은 온전한 신앙을 가진 자들이다. 세례를 받은 적이 없다 한들 이미 물과 성령으로 새롭게 태어난 자들이다. 성체를 받아 모신 적이 없다 해도 이미 생명의 빵을 먹은 자들이다.

13.

자애와 믿음은 별개의 것이지만 분리될 수 없다. 자애의 두 형태는 더더욱 그러하다. 즉 어느 불행한 자에게 순수한 연민을 느낄 수 있는 자라면(매우 드문 일이긴 하지만) 누구나, 암묵적이긴 해도 진정으로 신에 대한 사랑과 믿음을 지닌 자이다.

그리스도는 "주여, 주여" 하면서 그를 부른다고 모두를 구원하지는 않는다. 오히려 그분을 전혀 인식하지 않더라도, 어느 굶주린 이에게 순수한 마음으로 빵 한 조각을 주는 이라면 누구든 구원하신다. 그들은 그리스도가 고마움을 표할 때 "주님, 우리가 언제 당신께 먹을 것을 드렸습니까?"[49]라고 되묻는 자들이다.

49 마태오 25:37.

성 토마스의 주장에 따르면 신앙개조의 어느 하나라도 부인하는 자라면 믿음이 전혀 없는 것인데, 이것은 잘못된 생각이다. 그의 주장대로라면 이교도들에겐 이웃에 대한 자애가 전혀 없었다는 말이 된다. 하지만 그렇게 확정 짓기는 어렵다. 우리도 알고 있는바, 카타리파 '완벽주의자들'[50]의 경우 성인들에게서조차 보기 드문 자애를 지니고 있었기 때문이다.

악마가 사람들의 마음을 더 잘 유인하기 위해 이교도들이 겉으로만 그런 미덕을 지닌 것처럼 보이게 한 것이라는 주장은 "열매를 보면 그 나무를 알 수 있다"라는 말씀과 배치된다. 그런 주장은 그리스도를 악마적인 무언가로 여겼던 이들과 똑같이 추론하는 꼴이 된다. 그건 아마도 용서받을 수 없는 죄, 성령을 거스르는 모독 행위가 될 수도 있다.

마찬가지로, 순수한 연민이 가능한 무신론자나 불신자라면 여느 그리스도인과 다름없이 신에게 근접해 있으며 신을 잘 안다고 할 수 있다. 이 앎은 다른 언어로 표출되거나 침묵 속에 남기도 하지만

50 중세 가톨릭 이단 중 하나. 풍속의 극단적 순화를 주장하여 '완벽주의자들'이라 불렸다.

말이다. “하느님은 사랑”이기 때문이다. 신이 그를 찾아 헤매는 이들에게 보상을 내리신다면 그에게 다가가는 이들—특히 빛을 갈망하는 이들—에게는 빛을 주신다.

14.

성 요한은 "예수가 그리스도임을 믿는 자는 누구나 하느님에게서 왔다"[51]고 말했다. 따라서 이 사실을 믿는 자라면 누구나, 비록 교회가 주장하는 다른 무언가에 동의하지 않는다 할지라도 진정한 믿음을 가진 것이다. 그렇다면 성 토마스의 주장은 완전히 틀린 셈이다. 교회는 삼위일체와 성육신, 구속(救贖)에 또 다른 신조를 덧붙이며 신약성서에 맞서기까지 했다. 성 요한의 말을 따른다면, 교회는 성육신을 부정하는 이들인 도케데파[52]만 파문했어야 할 것이다. 트리엔트 공의회 교리에 의거한 신앙의 정의(교회가 가르치는 모든 것에 대한 굳은 믿음)는 성 요한의 정의와는 몹시 거리가 멀다. 성 요한에게 신앙은 예수라는 인물 안에서 신의 아들이 육신을 취했다는 믿음일 따름이다.

51 요한I서 5:1.

52 70-170년경에 성행한 도케티시즘은 몸을 포함한 물질 전체를 악하다고 보며 예수는 그저 인간의 탈을 쓴 하느님이라고 설명한다. 그런 식으로 그들은 성육신도, 그리스도의 인성도 부정한다.

시간이 흐르며 사람들은 이제 예수가 아닌 교회를 이 땅에 육화한 신으로 여기게 되었다. '신비체'[53]라는 은유가 그리스도와 교회라는 두 개념을 잇는 가교가 되어 준다. 하지만 작은 차이가 있으니, 그리스도는 완전했던 데 반해, 교회는 무수한 범죄로 오염되어 있다.

토마스주의[54]의 신앙관에는 히틀러의 견해만큼이나, 아니면 그보다 더 숨 막히는 '전체주의'가 내포되어 있다. 교회가 엄정한 신앙이라 인정한 것들뿐 아니라 앞으로도 그렇다고 인정하게 될 모든 조항을 우리의 정신이 전적으로 추종한다면, 재갈이 물려진 지성은 맹목적인 노예의 과업만을 수행하게 될 것이다.

신비주의자들은 '베일'이나 '그림자'라는 메타포를 신앙에 적용함으로써 이런 질식 상태로부터 벗어난다. 그들은 교회의 가르침을 받아들이지만 그걸 진리라 여겨서가 아니라 그 뒤편에 진리가 자리한 무언가로 여겨서이다.

53 우리는 세례를 받음으로써 그리스도 몸의 지체가 되고, 성체를 받아 모심으로써 그 몸 안에서 서로 결합된다는 것. I고린토 12:12, 27.

54 성 토마스 아퀴나스(1225-1274)에게서 영향을 받아 철학적·신학적 사유를 하는 학파. 토마스 아퀴나스는 중세 그리스도교를 대표하는

하지만 그런 태도는 트리엔트 공의회 교리에 의해 정의된 신앙과는 매우 거리가 멀다. 마치 그리스도교라는 동일한 명칭 아래, 동일한 사회조직 내부에, 서로 구분되는 두 종교, 곧 신비주의자들의 종교와 또 다른 종교가 자리하고 있는 것만 같다.

내 생각엔 전자가 진짜이며, 둘 간의 혼동은 큰 이점을 지녔던 동시에 불편을 초래했다.

성 요한의 말대로라면, 교회는 그리스도가 이 땅에 육신으로 내려오신 신의 아들임을 믿는 그 누구도 파문할 권리가 없다.

성 바울로의 정의는 보다 광범위하다. 신앙은 "하느님이 존재하며 그를 찾는 이들에게 보답하심을 믿는 것"이다. 이 견해 역시 성 토마스나 트리엔트 공의회의 견해와는 공통되는 점이 전혀 없다. 심지어 모순마저 존재한다. 이교도들 가운데에는 신을 찾는 이가 전혀 없다고 어떻게 감히 단정 지을 수 있겠는가?

신학자이며 스콜라 철학자로서 그리스도교 신학을 이성적인 논리로 체계화하고자 했으며, 그 결과물 중 하나가 『신학대전』이다.

15.

사마리아인들과 옛 유대교 율법의 관계는 이단자들과 교회의 관계와 같다. 완벽한 카타리파 신자들(이단자들 중에서)과 수많은 신학자들의 관계는 예수의 비유에 나오는 사마리아인[55]에 대한 사제나 레위인의 관계와 같다. 그렇다면 카타리파를 절멸시키도록 허락하고 시몽 드 몽포르[56]를 축복한 이들을 어떻게 생각해야 할까?

교회는 그 비유로부터 배워야 할 것이다. 이웃 사랑을 실천하는 자라면 그 누구도 파문해서는 안 된다는 것을 말이다.

55 루가 10:25-37.

56 Simon IV of Montfort(1175-1218). 프랑스의 영주이며 군인으로서 제4차 십자군 원정에 참가했으며, 프랑스 남부의 카타리파를 절멸시킨 알비 십자군 지휘관으로 활약했다.

16.

내가 아는 한, 선과 악의 관계에 있어서 마니교[57]와 그리스도교의 개념 사이에는 표현의 뉘앙스 외에는 진정한 차이가 없다.

57 조로아스터교에 그리스도교, 불교 등의 여러 요소가 가미된 종교. 3세기에 페르시아인 마니가 창시한, 선과 악의 이원론적 세계관을 지닌 종교로서 특히 악으로부터의 구제를 중시했다. 중앙아시아, 로마제국으로 포교되어 4세기에 전성기를 맞았다.

17.

우리가 신심과 주의를 다 기울여 공부하면 반드시 진리를 발견할 수 있다는 가르침. 마니교는 그런 가르침의 전통들 가운데 하나이다.

18.

그리스도의 한 형상이기도 한 노아(오리게네스 참조)는 완벽한 의인으로서 그가 바치는 희생이 신의 마음에 들어 그는 인류를 구원했으며 그의 중재를 통해 신은 모든 인간과 계약을 맺었다. 그렇다면 그가 술에 취해 알몸 상태였다는 말은 아마도 상징적으로 이해되어야 한다. 그런데 가나안인들을 살해한 셈족인 히브리인들이 이 이야기를 왜곡시켰다. 사실은 함이 노아의 계시를 공유했고, 셈과 야벳은 그러기를 거부했음에 틀림없다.

알렉산드리아의 클레멘스[58]가 언급한 어느 영지주의자에 의하면(『스트로마타』 제6권 6장), 페레키데스(피타고라스의 스승)의 알레고리적 신학은 함의 예언들에서 차용된 것이다. (페레키데스는

58 Clement of Alexandria(150-215). 알렉산드리아 학파의 그리스도교 신학자. 오리게네스의 스승이었던 그는 그리스의 철학적 전통들을 그리스도교 교회와 결합시켰다.

시리아인이었는데, 창조 행위에 임한 제우스는 '사랑'으로 변신했다고 말했다.) 여기서 말하는 함은 노아의 아들 함을 가리키는 것일까?

이 물음은 혈통과 계보에 대해 생각해보게끔 한다. 이집트인, 블레셋인(즉 에게해-크레타인, 혹은 펠라스기아인일 확률이 높다), 페니키아인, 수메르인, 가나안인들이 함의 자손들이다. 다시 말해 역사 시대가 열리기 직전의 모든 지중해 문명을 포함한다.

헤로도토스가 단언했고 수많은 단서로 확인된 바에 의하면, 헬라스인들은 형이상학적-종교적 지식 일체를 페니키아인들과 펠라스기아인들을 매개로 이집트에서 차용해 왔다.

바빌로니아인들은 그들의 전통을 수메르인들에게서 빌려왔다는 걸 우리는 안다. 그렇다면 '갈대아의 지혜' 역시 수메르인들에게로 거슬러 올라간다.

(디오게네스 라에르티오스[59]에 의하면, 일부 그리스인들은

59 Diogenes Laertios. 3세기 고대 그리스의 전기 작가.

그리스 철학의 여러 기원 중 하나가 드루이드교[60]라고 보았다. 그런데 켈트족이 갈리아 지방에 당도한 건 더 후대의 일이므로, 갈리아 지방의 드루이드교는 켈트족이 아닌 이베리아족에게서 유래했을 확률이 매우 높다.)

에제키엘은 이집트를 생명의 나무라고, 티레를 그 나무를 지키는 케루빔이라고 말하면서, 우리가 헤로도토스를 통해 알게 된 사실을 입증해 준다.

그러니까 함에게서 유래한 민족들—우선 이집트—은 진정한 종교인 사랑의 종교(신은 전능한 주인인 동시에 희생된 제물이라는)를 알았던 듯싶다. 셈과 야벳으로부터 유래한 민족들 중 일부(바빌로니아인, 켈트인, 헬라스인)는 함의 후손들을 침략하고 정복한 뒤 그들로부터 그런 신 인식을 받아들였다. 반면 또 다른 일부(로마인, 히브리인)는 강한 민족이 되고자 하는 의지와 교만 탓에 그런 인식을 거부했다. (히브리인들이라 할지라도 다니엘, 이사야, 그리고 욥기의 저자는 예외이며, 로마인 중에서 아마도 마르크스 아우렐리우스를 비롯해 플라우투스[61]와 루크레티우스[62]

60 영혼의 불멸과 윤회, 전생을 믿고, 죽음의 신을 세상의 주재자로 받드는 종교. 고대 영국과 아일랜드 지역에서 드루이드라 불리는 켈트족 사제들에 의해 창시되었다.

같은 이들 역시 그런 예외에 속한다.)

그리스도는 그 두 반항적인 민족들의 영토에서 태어났다. 그러나 그리스도교 신앙의 중심이 되는 사상은 펠라스기아인들과 이집트, 함의 사상과 유사하다.

그렇긴 해도 이스라엘과 로마는 그리스도교에 자신들의 흔적을 새겨 놓았다. 즉 이스라엘은 그리스도교가 구약성서를 신성한 텍스트로 받아들이게 했고, 로마는 그리스도교를 제국의 공식적인 종교로—히틀러의 야심과도 닮은—만든 것이다.

처음부터 존재한 이 이중의 오점이야말로 수 세기에 걸친 교회사를 그리도 끔찍하게 만든 그 모든 타락을 설명해 준다.

악이 선을 무한히 능가한 그런 장소였기에, 그리스도가 십자가에 매달리는 그처럼 끔찍한 일이

61 Titus Maccius Plautus(B.C. 254-B.C. 184). 로마의 희극 작가.

62 Titus Lucretius Carus(B.C. 99-B.C. 55). 고대 로마의 시인이며 철학자.

벌어질 수 있었다. 그런 장소에서 태어나고 자란 교회는 처음부터 불순했고 그 후로도 계속 그랬을 것이다.

19.

교회는 오직 한 가지 관점에서, 즉 성사(聖事)의 보존자로서만 완벽히 순수하다. 완벽한 것은 교회가 아니라, 제단 위 그리스도의 몸과 피다.

20.

실제로 계속 변화하는 교회를 두고 무오(無誤)하다고 할 수는 없을 것이다. 중세 시대에는 "교회 밖에는 구원이 없다"라는 말이 교권에 의해 글자 그대로 이해되었는데, 적어도 여러 문서가 그 사실을 증명한다. 그러나 오늘날 우리는 그 말을 '보이지 않는 교회'라는 의미로 이해한다.

한 공의회는 "……물과 성령으로 거듭나지 않는 자는"[63]이라는 그리스도의 말씀에서 '물'은 세례를 의미한다는 걸 믿지 않는 자 모두에게 파문을 선고한다. 그렇다면 오늘날의 사제들은 모두 파문당한 자들이다. 오늘날 우리가 통상적으로 인정하듯, 세례를 받지도 원치도 않는 사람이 구원받을 수 있다는 건 그가 어떤 상징적인 의미에서 물과

63 요한 3:5.

성령으로 거듭났음을 의미하기 때문이다. 즉 우리는 '물'이라는 말을 상징적인 의미로 이해하는 것이다.

어떤 공의회는 특별한 계시 없이도 '최후의 인내'[64]가 가능함을 확신하는 이에게 파문을 선고한다. 리지외의 테레즈는 죽기 직전에 계시에 대해서는 일언반구도 없이, 자신은 구원받을 것임을 확신한다고 말했다. 그럼에도 그녀는 시성(諡聖)되었다.

여러 다른 사제들에게 이런저런 사항이 교회의 엄격한 신조인지 물으면 우리는 상이한—종종 불확실한—답변을 얻는다. 결국 난관에 처하게 되는 것이다. 교회라는 조직이 너무도 경직되어 있기에 성 토마스 역시 앞서 인용한 것과 같은 주장을 내놓을 수 있었다.

그 안엔 석연찮은 무언가가 있다.

64 삶을 마칠 때까지 은총의 상태를 유지하는 것. 마태오 10:22에서 유래한 표현이다.

21.

특히 가시적인 교회 밖에도 구원이 있다고 상정하게 되면 신앙을 구성하는 요소 일체를, 모든 게 뒤죽박죽되는 대가를 치르더라도, 다시 생각해 봐야 한다. 실제로 교회라는 기구 전체가 오늘날 거의 누구도 옹호할 엄두를 낼 수 없는 상반된 주장을 근거로 구축되었다.

그런데 우리는 여전히 이런 점검의 필요성을 인정하려 들지 않았다. 그저 변변찮은 기교를 부리며 난관을 모면할 뿐, 논리적인 오류가 빤히 보이는 그럴듯한 땜질로 균열을 메우고 있다.

이 필요성을 당장 인지하지 못할 경우 교회는 자신의 사명을 완수하지 못할 수도 있다.

'새로운 탄생' 없이는, 내면의 계시 없이는, 그리스도와 성령이 영혼 안에 현전하지 않은 상태로는 구원은 없다. 그런데 교회 밖에서도 구원이 가능하다면, 그리스도교 밖에서도 개인적 혹은 집단적 계시가 가능해진다. 그렇게 될 경우 진정한 신앙이란 이런저런 의견을 믿는 것과는 아주 다른 모종의 동의를 의미하게 된다. 그러니 신앙의 개념에 대해 다시 생각해 봐야 한다.

22.

요컨대 신비주의자들은 그들이 속한 종교 전통을 불문하고 거의 구별할 수 없을 만큼 서로 일치한다. 그들은 각각의 전통이 담고 있는 진리를 구현하는 것이다.

인도, 그리스, 중국 등지에서 이루어지는 명상은 그리스도교 신비주의자들의 명상만큼이나 초자연적이다. 특별히 플라톤과 십자가의 성 요한 간에는 큰 유사성이 존재한다. 힌두교의 우파니샤드[65]와 십자가의 성 요한도 마찬가지이다. 도교 또한 그리스도교 신비주의와 매우 가깝다.

오르페우스교[66]와 피타고라스 철학은 진정한 신비주의 전통들이다. 엘레우시스 밀교 또한 그렇다.

65 고대인도 베다 전통의 맨 마지막 단계에서 형성된 우파니샤드는 베다 사상의 결정체로서, 자아에 관한 가장 오래된 철학적 사유들의 집대성이다.

66 고대 그리스 세계의 밀교(B.C. 8세기-B.C. 5세기경). 오르페우스의 가르침을 전파하는 사제들이 그리스 전역을 다니며 포교했다.

23.

완벽한 존재가 살해당하는 끔찍한 범죄가 저질러진 후로 인류가 더 나아졌다고 추정한다는 건 말이 안 된다. 전반적인 관점에서, 실제로도 더 나아진 것 같지 않다.

대속은 또 다른 차원인 영원의 차원에 자리한다.

일반적으로 말해, 완벽의 정도와 시간적인 순서 간에 연관성이 있다고 상정하는 건 옳지 않다.

그리스도교는 미지의 영역인 '발전'의 개념을 세상에 들여놓았다. 그런데 현대에 이르러 이 개념은 세상의 독이 되어 세상을 비그리스도교화했다. 이 개념을 버려야 한다.

영원을 발견하려면 시간의 순서라는 미신에서
벗어나야 한다.

24.

교회의 신조들은 단정 지어야 할 무언가가 아니다. 일정한 거리에서 주의 깊게, 존경과 사랑을 가지고 바라보아야 할 것들이다. 그것들은 구리 뱀[67]의 효력을 지녀서, 누구든 그걸 바라보는 자는 살아남게 될 것이다. 주의와 사랑을 담은 이 시선에 대한 반작용으로 영혼 속에서 빛이 샘솟아 지상에서 영위되는 인간 삶의 모든 양상들이 조명받게 된다. 하지만 우리가 그 신조들을 단정 짓는 순간 그것들은 효력을 상실하고 만다.

"예수 그리스도는 하느님이다" 혹은 "축성된 빵과 포도주는 그리스도의 몸과 피다"와 같은 명제들은 기정사실로 발화되는 순간 철저히 의미를 상실한다.

67 민수기 21:9.

이런 명제들의 가치는 발화된 어떤 사실(예를 들면 "살라자르는 포르투갈 총리이다"와 같은)이나 여느 기하학적 공리와는 완전히 다르다.

그 가치는 엄밀히 말해 진실의 차원이 아닌 보다 높은 차원에 속해 있다. 그 효력을 통해 간접적으로 파악될 뿐, 지성으로는 이해할 수 없는 가치이기 때문이다. 그런데 엄정한 의미의 진실은 지성의 영역에 속한다.

25.

기적이 신앙을 입증해 주지는 않는다(어느 공의회가 파문을 선언한 주장).

기적이 증거로 작용한다면, 기적은 너무 많은 걸 입증한다. 모든 종교는—더없이 기이한 이단종파까지 포함해—자체의 기적을 행하거나 늘 행했기 때문이다. 루키아노스[68]의 글에도 죽은 이들의 부활 이야기가 나온다. 힌두교 전통들에는 이런 이야기가 넘쳐나는데, 오늘날에도 인도에서 기적은 진부한 사건이어서 사람들의 관심을 끌지 못한다고 한다.

그리스도교의 기적들만 진짜고 다른 기적들은 거짓이라고 본다든지, 그리스도교의 기적들만 신이 일으켰으며 다른 기적들은 악마의 소산이라

68 Lucianus(125-180?). 고대 로마의 작가. 고대그리스와 로마 사회의 다양한 측면을 묘사한 풍자문학으로 유명하다.

주장한다는 건 초라한 편법이다. 그건 독선에 불과하며, 그렇게 되면 기적은 아무것도 입증하지 못한다. 그런데 기적 자체가 입증될 필요가 있는 건, 그 진위를 외부로부터 확인받기 때문이다.

예언과 순교에 대해서도 같은 말을 할 수 있다.

그리스도가 자신의 'καλὰ ἔργα'를 원용하실 때, 그 말을 '기적'이라 번역하는 건 옳지 않다. '선행'이나 '훌륭한 과업'으로도 충분히 번역될 수 있는 말이다.

내가 이해하는 바로는, 그리스도가 원하신 건 바로 자신이 지속적이고도 절대적으로 행하는 선(善)의 모습을 통해 사람들이 그의 신성함을 알아채는 것이었다.

그는 "내 과업이 없었다면 그들은 죄가 없었을 것이다"라고 말하면서, 동일한 차원에서 "내 말이 없었다면 그들은 죄가 없었을 것이다"[69]라고 했다. 그런데 그의 말들은 기적과는 전혀 무관한, 그저

69 요한 15:22.

아름다운 말들이었다.

기적이라는 개념 자체가 서구적이며 현대적인 의미를 지닌다. 이 개념은 세상에 대한 양립불가능한 과학적 인식과도 연관이 있다. 우리가 기적이라 여기는 것들에서 힌두교도들은 자연현상을—극소수의 사람들, 혹은 성인들에게서 가장 흔히 찾아지는 이례적인 힘의 결과물을—본다. 그렇다면 기적은 신성한 무언가를 추정케 할 따름이다.

복음서에 나오는 '기적'이라는 말 역시 같은 맥락에서 해석되어야 하며 그 이상을 의미할 수는 없다. 실제로 그리스도는 이렇게 말했다. "많은 이들이 내게 말할 것이다. 우리가 주님 이름으로 기적을 행하지 않았습니까? 그러면 내가 그들에게 말하겠다. 물러가라, 악한 일을 일삼는 자들아……"[70] 그리스도는 또 이렇게도 말했다. "거짓 그리스도들과 거짓 예언자들이 일어나서 큰 표징과 이상한 일들을 보여주며, 택함을 받은 이들마저 어떻게든 속이려 들 것이다.……"[71] 요한묵시록(13:3-4)은 적그리스도의

70 마태오 7:22-23.

71 마태오 24:24.

죽음과 부활을 보여주는 듯하다.

신명기의 말: "어느 예언자가 새로운 하느님을 선포하거든 설령 기적을 행하는 자일지라도 그를 죽여라."[72]

유대인들이 그리스도를 죽인 건 잘못이었다. 그들은 그리스도가 행한 기적들 때문이 아니라 그의 신성한 삶과 아름다운 말들 때문에 그렇게 한 것이니 말이다.

기적이라 불리는 현상들의 역사적 진실성에 대해서는 분명한 단언이나 부정을 가능케 하는 충분한 근거가 있을 수 없다.

그 역사적 진실성이 인정되었다면, 그 사건들의 본질을 인식하게끔 해 주는 다양한 방법이 존재한다.

세상에 대한 과학적 인식과 양립 가능한 방법이야말로 선호할 만하다. 세상에 대한 과학적 인식은 제대로 이해될 경우 진정한 믿음에 등을 돌리지 않는다. 신은

72 신명기 13:2-6.

이 우주를 그물망 같은 제2원인[73]으로 창조하셨다. 그런데 이 그물망에 구멍이 뚫렸다고 가정한다는 건 불경건한 생각이다. 그건 신이 자신이 목적한 바에 이르기 위해 자신이 만든 작품을 해칠 수밖에 없다는 생각이나 마찬가지이다.

그런 구멍들의 존재를 인정하게 될 때, 신이 죄 없는 자들을 불행에서 구하려 하지 않는다는 사실을 두고 우리는 분노할 수밖에 없다. 영혼이 불행을 감내할 수 있는 건 제2원인들의 엄정한 연쇄인 필연성을 묵상하고 받아들임으로써만 가능하다. 그렇지 않을 경우 죄 없는 이들이 겪게 되는 불행 자체를 몽땅 부정하는 편법에 의존할 수밖에 없다. 결과적으로 인간의 조건에 대한 이해는 물론 그리스도교적 개념의 핵심 자체를 왜곡하게 되는 것이다.

기적이라는 현상들은 세상에 대한 과학적 인식과 양립 가능하다. 충분히 앞선 과학이라면 그런 기적을 납득할 수 있다는 걸 우리가 가설로 인정한다면 말이다.

73 제1원인은 신이다. 제2원인에는 자연과 인간 및 보이지 않는 영들까지도 포함된다.

이 가설을 인정한다고 해서 그런 사건들이 초자연적인 것과 연관되어 있음이 부정되는 건 아니다.

하나의 현상은 세 가지 방식으로 초자연적인 것과 연관된다.

어떤 현상들은 육신 안에서 일어난 무언가의 결과물이거나 영혼에 작용한 악마의 행위, 혹은 신의 행위의 결과물일 수 있다. 예를 들어 한 사람은 육신의 고통으로 울고, 그의 곁에선 또 한 사람이 순수한 사랑으로 신을 생각하며 운다고 하자. 두 사람 다 눈물을 흘린다. 그 눈물은 심리-생리학적 메커니즘의 결과이다. 그러나 둘 중 하나는 그 메커니즘의 한 요소가 자애, 곧 초자연적인 무엇이다. 그런 의미에서 눈물 자체는 지극히 평범한 현상일지언정, 신과의 진정한 합일 상태에 든 성인(聖人)의 눈물은 초자연적이다.

그런 의미에서, 오직 그런 의미에서, 어떤 성인이 일으킨 기적들은 초자연적이다. 자애가 가져다준 모든 물질적 결과와 마찬가지로 초자연적이다. 순수한 자애에서 행해진 자선은 물 위를 걷는 것과 다름없는 놀라운 기적이다.

물 위를 걷는 성인은 눈물을 흘리는 성인과 모든 면에서 유사하다. 두 경우 모두 심리-생리학적 메커니즘이 작용하는데, 그 한 요소는 자애이며—기적이 있는 곳엔 자애가 그런 메커니즘의 한 요소이기 십상이다—이 요소는 눈에 띄는 결과를 산출한다. 하나는 물 위를 걷는 것, 다른 하나는 눈물이라는 결과이다. 전자가 더 드물다는 것, 그것이 유일한 차이점이다.

육신만으로는 절대로 생성할 수 없는 현상, 오직 초자연적인 사랑 혹은 악마적인 증오가 한 요소로 작용하는 메커니즘이라는 게 있을까? 물 위를 걷는 것 역시 그런 메커니즘 중 하나일까?

그럴 수 있다. 이런 일을 두고 긍정 혹은 부정하기엔 우린 너무 무지하다.

육신도 악마적인 증오도 생성해 낼 수 없는 현상, 자애가 그 한 요소로 작용하는 메커니즘에서만 생성되는 현상들이 있을까? 그런 현상들이야말로 성성(聖性)을 가늠케 하는 확실한 기준이 되어 줄 것이다.

아마도 그런 현상들이 있을 것이다. 이 점에 대해서도 긍정 혹은 부정하기에는 우리가 너무 무지하다. 그러므로 그런 현상들이 존재한다손 쳐도 우리에겐 전혀 쓸모가 없다. 그 현상들이 판단의 기준으로 쓰일 수 없는 건, 그것들에 대해 우리가 조금도 확신할 수 없기 때문이다. 불확실한 무언가를 가지고 다른 무언가를 확신할 수는 없다.

중세는 성성(聖性)의 구체적인 표지를 찾는 데 몰두했다. 그것이 바로 '철학자의 돌'[74]을 찾는 일의 의미이다. 성배를 찾는 일 역시 아마도 같은 주제를 다루고 있다.

진정한 '철학자의 돌', 진정한 성배는 '성체'이다.

74 '현자의 돌' 또는 '마법사의 돌'이라고도 한다. 전설 속에 존재하는 물질로서 값싼 금속을 금으로 바꾸는 힘을 지녔다고 하며, 때로는 사람을 젊게 하는 능력이 있다고도 전해진다. 서양 연금술에서 최고의 가치로 여겨졌다.

그리스도는 교회 한복판에 눈에 띄지 않으며 어찌 보면 순전히 관습적인(오로지 신이 승인한 관습) 기적을 둠으로써, 우리가 기적이라 생각하는 것이 무엇인지 가리켜 보이셨다.

신은 숨어 있기를 바라신다. "은밀한 곳에 계시는 네 아버지."[75]

히틀러가 여러 번 죽고 부활한다 해도 나는 그를 신의 아들로 여기지 않을 것이다. 복음이 그리스도의 부활에 대한 언급을 모조리 생략한다면 내겐 믿음이 오히려 더 쉽게 여겨질 것이다. 내겐 십자가로 충분하다.

그리스도 수난의 이야기가 지닌 완벽한 아름다움이야말로 내겐 확증이자 진실로 기적적인 무엇이다. 강렬한 빛을 발하는 이사야의 말("모욕당하고 학대당해도 그는 입을 열지 않았다."[76])과 성 바울로의 말("그는 하느님과 동등함을 취하려 하시지 않고 오히려 자신을 비워……죽기까지 복종하셨으니

75 마태오 6:6.
76 이사야 53:7.

곧 십자가에서 죽으셨습니다.……스스로 저주받은 자가 되었습니다."77)과 함께 말이다. 그러므로 나는 믿지 않을 수 없다.

내게 십자가가 미치는 효력은 다른 이들에게 부활이 미치는 효력과 맞먹기에, 기적에 대해 무관심한들 어떠랴 싶다. 그걸 두고 공의회가 파문을 선고하지만 않는다면 말이다.

기적이라 불리는 현상들에 대해 교회가 신조를 분명히 하지 않으면 결과적으로 종교와 과학 간의 명백한 모순으로 인해 수많은 사람들이 길을 잃게 될 것이다. 신이 특별한 의도로 특별한 현상을 야기하기 위해 제2원인의 그물망 속으로 종종 개입해 들어온다고 믿는 무수한 이들이 길을 잃고 말 것이다. 신이 개입하지 않아 저질러지는 그 모든 잔혹한 행위들의 책임을 신에게 돌릴 테니 말이다.

기적에 대한 일반적인 인식은 신의 의지를 무조건적으로 받아들이지 못하도록 방해하거나,

77 필립비 2:6-8.

아니면 세상에 존재하는 악의 수와 그 본성에 대해 장님이 되게 한다. 이는 수도원의 은둔생활에서뿐 아니라 세상의 어떤 특정 집단 내부에서도 쉽사리 발견되는 현상이다.

실제로 경건하며 성스럽기까지 한 많은 이들에게서 통탄할 만한 유치함이 발견되기도 한다. 인간의 조건에 대한 엄청난 무지를 생각하면, 욥기는 탄생하지 않았을 수도 있다. 그런 무지한 인간들에겐, 한쪽엔 죄인들이 있고 다른 한쪽엔 노래를 부르며 죽어가는 순교자들이 있을 따름이다. 그리스도교 신앙이 우리 안에 파고들어 큰불처럼 영혼에서 영혼으로 전파되어 퍼져 나가지 않는 이유가 그것이다.

게다가 기적의 본성과 의미와 가치가 우리가 흔히 생각하는 그런 거라면, 오늘날 기적이 드물다는 사실(루르드나 그 밖의 기적이 있긴 해도)은 우리에게 교회가 더 이상 신께 속하지 않는다는 믿음을 심어줄 수도 있다. 부활하신 그리스도는 다음과 같이 말했기 때문이다. "믿고 세례를 받는 사람은 구원을 받겠지만 믿지 않는 사람은 단죄받을 것이다. 믿는 사람들에게는 표징이 따르게 될 것인데

내 이름으로 마귀를 쫓아내고 새로운 언어로 말도 하며 뱀을 쥐거나 독을 마셔도 해를 입지 않을 것이며 또 병자에게 손을 얹으면 병이 나을 것이다."[78]

그런 기준을 적용한다면 오늘날 신자는 얼마나 될까?

(다행히 이 텍스트는 아마도 진짜가 아니다. 그래도 불가타역[79]에는 들어 있다.)

78 마르코 16:16-18.

79 헬라어 원문 성서를 5세기 초에 라틴어로 번역한 그리스도교 성서 번역본.

26.

신앙의 신비는 긍정 혹은 부정을 가능케 하는 능력인 지성의 대상이 아니다. 그것은 진실의 차원이 아닌 보다 높은 차원에 속해 있다. 그 신비와 실제로 접촉할 수 있는 영혼의 일부가 있다면 그건 초자연적인 사랑의 능력뿐이다. 결국 이 능력만이 그 신비에 동의할 수 있다.

영혼의 다른 능력들—우선 지성을 예로 들면—의 역할이 있다면, 초자연적 사랑이 관계하는 건 '실재'이며 이 '실재'야말로 그 '대상들'보다 우월함을 깨닫는 것이다.[80] 그리고 초자연적 사랑이 실제로 영혼 속에서 눈뜨는 순간 침묵하는 것이다.

애덕은 초자연적 사랑의 능력을 훈련시킨다. 신덕은

80 '실재'(réalités)는 '참으로 존재하는 것', 곧 인식과 무관하게 독립적으로 존재하는 객관적 실체이다. '대상'(objets)은 '마주하고 있는 것'으로서, 인식 주체에 의해 포착되거나 경험되는 구체적인 존재다.

영혼의 능력 일체를 초자연적 사랑의 능력에 종속시킨다. 망덕은 영혼을 어떤 변모로 향하게 하는데, 그 결과 영혼은 송두리째 사랑이 되어 버린다.[81]

다른 능력들이 사랑의 능력에 종속되려면 저마다 거기서 자체의 유익을 찾아내야 한다. 특별히 지성이 그러한데, 그것은 사랑 다음으로 가장 중요한 능력이다. 정말로 그렇다.

지성이 사랑으로 하여금 영혼을 온통 잠식하도록 침묵한 뒤 새롭게 작동하기 시작하면 전보다 더 많은 빛을 담게 된다. 대상을 파악하는 데, 또 자체의 영역인 진실을 파악하는 데 더 큰 역량을 발휘하게 된다.

뿐만 아니라 내 생각에 이 침묵은 지성에 비길 데 없이 훌륭한 가르침으로 작용해, 언제까지나 가려져 있었을 진실들을 포착할 수 있게 해 준다.

81 애덕(사랑), 신덕(믿음), 망덕(소망)은 하느님과의 관계에서 인간이 지켜야 하는 기본 덕행으로 가톨릭교회의 향주 삼덕이다.

지성이 가닿을 수 있고 파악할 수 있는 진실들이 있다. 그러나 지성은 침묵 속에서 모호한 무언가를 통과한 후에야 그것들을 포착할 수 있다.

이게 바로 십자가의 성 요한이 믿음을 '밤'이라 부르며 하고자 하는 말이 아닐까?

지성은 오로지 경험을 통해 나중에서야 이처럼 사랑에 종속되는 행위의 이점을 깨닫게 된다. 처음엔 이 종속을 받아들일 어떤 그럴듯한 이유도 찾아내지 못한다. 그런데 이 종속이야말로 오로지 신에 의해 야기되는 초자연적인 무엇이다.

겨우 한순간에 불과한 첫 침묵이 영혼 전체를 관통하며 초자연적인 사랑을 북돋는다. 이 침묵은 씨 뿌리는 자가 뿌린 씨앗이며, 언젠가 십자가의 나무가 될 눈에 띄지 않는 겨자씨다.

마찬가지로 우리가 완벽히 아름다운 음악(건축이나 그림도 해당한다)에 온전히 집중할 때 지성은 거기서 긍정하거나 부정할 그 무엇도 찾지 못한다. 그 순간엔 영혼의 모든 기능이—지성을 포함해—침묵하며 이 듣는 행위에 멎어 있다. 이해할 순 없어도 실재와 선(善)을 내포하는 한 대상에 청각이 집중되는 것이다. 지성은 거기서 아무 진실도 포착하지 못하지만, 그렇더라도 어떤 양분을 찾아낸다.

자연과 예술(오로지 최고 경지에 이른 거의 완벽한 예술)이 지니는 아름다움의 신비는 믿음의 신비의 감각적인 반영(反影)이다.

27.

믿음의 신비를 보호하기 위해 교회가 명시한 사항들과 단죄한 사항들(……파문이다[anathema sit].[82])에 대해 존중심을 잃지 않는, 무조건적이며 지속적인 관심의 태도를 견지해야 한다. 신봉은 금물이다.

단죄당한 의견들에 대해서도 존중심을 잃지 않고 관심을 기울여야 한다. 그 내용이나 그것들을 제시한 이들의 삶이 조금이라도 좋은 모습을 담고 있다면 말이다.

지성이 무언가를 신봉하는 데는 이유가 있을 수 없다. 신봉은 절대로 마음먹은 대로 이루어지지 않기 때문이다. 오로지 주의 깊은 관심만이 자발성을 띠며 또한 의무이기도 하다.

82 '저주받을지어다'라는 뜻의 라틴어. 교회의 준엄한 단죄가 곁들여진 영구 파문을 의미한다.

우리가 의도적으로 자신 안에 지성의 신봉을 부추기려 하면 실제로 야기되는 건 지성의 신봉이 아니라 '암시 작용'(suggestion)이다. 파스칼의 방법론도 바로 그런 것이다.[83] 그런데 그런 의도적인 부추김보다 더 믿음을 훼손하는 것도 없다. 조만간 보상 심리가 생겨나기 마련이어서 의심이 싹트고 '믿음에 맞서려는 유혹'을 받게 되기 때문이다.

지성의 의무에 대한 잘못된 개념이야말로 그 무엇보다 믿음을 약화시키고 불안을 퍼뜨리는 요인이다. 지성의 기능을 연마하는 데 있어 주의 깊은 관심 외에 다른 의무가 부과될 때 영혼은 질식당한다. 지성뿐 아니라 영혼 전체가 질식당하는 것이다.

83 **파스칼은 즉각적인 신앙심을 갖기 힘든 사람들에게, 먼저 행동을 바꿀 것을 제안한다. 즉 신앙인의 행동을 따르다 보면(암시작용/습관) 진정한 믿음이 생길 것이라는 조언이다. 그러나 베유는 그것을 신앙에 도달하기 위한 그릇된 방법이라고 보았다.**

28.

신앙의 문제에 교회가 관할권을 가진다는 건, 그렇게 함으로써 모종의 주의력 훈련을 지성에 부과된다는 점에서 좋은 일이다. 또한 지성이 '신비한 교리'의 낯선 영역으로 들어가 헤매지 않도록 해 준다는 점에서도 그렇다.

하지만 그것은 지성으로 하여금 그 자체의 고유 영역인 진실의 탐구를 방해한다는 점에서 철저히 부정적이다. 지성은 사랑의 응시를 통해 영혼 속에 퍼져 나간 빛을 온전한 자유를 누리며 사용해야 함에도, 그럴 수 없게 되는 것이다. 이런 영역에선 온전한 자유야말로 지성이 필요로 하는 것인데 말이다. 지성은 온전히 자유롭게 발휘되거나 아니면 침묵해야 한다. 지성의 영역에서 교회는 어떤 관할권도 갖지 못하며, 따라서 증명되어야 할 필요가 있는 '규정들'은 모두 부당한 것이다.

'신은 존재한다'라는 말이 지적 명제인 한해서, 우리가 그 명제를 부정한다고 사랑이나 믿음을 거스르는 죄를 짓는 건 전혀 아니다. (잠정적인 차원에서 이런 부정은 철학적 탐구에 필요한 단계이기도 하다.)

사실 애당초—혹은 거의 처음부터—그리스도교 안에는 지성이 느끼는 거북함이 존재해 왔다. 이 거북함은 교회가 관할권을 구상해 낸 방식에 기인하며, 특별히 'anathema sit'라는 문구를 사용한 데서 비롯된다.

지성의 거북함이 존재하는 곳 어디나, 전체주의 성향으로 기울어지는 사회적 행위가 개인에게 가해 오는 억압이 존재한다. 특히 13세기 교회는 전체주의적 기반을 구축했다. 그러고 보면 오늘날 벌어지는 사태들에 대해 교회는 책임을 모면할 수 없다. 'anathema sit'라는 문구의 사용과도 흡사한 메커니즘의 결과로 전체주의적 정당들이 출현한 것이다.

그 문구와 그 적용 탓에 교회는 그저 명목상으로만 가톨릭일 뿐이다.

29.

그리스도교가 존재하기 이전에도 이스라엘 안팎의 무수한 사람들의 신 인식과 사랑은 아마도 그리스도교 성인들의 수준에 달하는 것이었다.

그리스도 이후 가톨릭교회 밖에 자리한 인류(불신자, 이단자, 비신자)에 대해서도 같은 말을 할 수 있다. 보다 일반적인 차원에서, 그리스도가 오신 이후로 인도 같은 일부 비그리스도교 국가들보다 그리스도교 세계에서 더 많은 사랑과 신 인식이 있었는지 의심스럽다.

30.

태어난 지 며칠 후, 세례를 받거나 받지 못한 상태로 죽은 두 아이의 영원한 운명은 분명 동일하다. (후자의 경우, 아이가 세례를 받도록 하겠다는 의도가 부모에게 전혀 없었을지라도 말이다.)

31.

구약성서를 통틀어 그리스도교적 영혼이 받아들일 수 있는 부분은 얼마 안 되며(이사야, 욥, 아가, 다니엘, 토비트, 에제키엘의 일부, 시편의 일부, 지혜문서[84]의 일부, 창세기 첫 부분……), 그 밖에 여기저기 산재하는 몇몇 구절들이 있다. 나머지는 소화하기가 어렵다. 그리스도교의 요체이자 그리스인들도 완벽히 인지하고 있었던 중요한 진실, 곧 무구한 이들이 겪는 불행의 가능성을 구약성서는 결하고 있기 때문이다.

히브리인들이 보기에는(적어도 유배 이전에, 그리고 일부 예외를 제외하고는) 죄와 불행, 덕과 번영은 분리될 수 없는 것이다. 그렇게 되면 야훼는 하늘이 아닌 땅의 아버지이며, 숨어 계신 분이 아닌 눈에 보이는 분이다. 따라서 가짜 신이다. 이런 발상으로는 순수한 자애의 행동이 불가능하다.

84 구약성서에서 잠언, 전도서, 그리고 제2경전인 지혜서, 집회서를 가리켜 '지혜의 책'이라 부른다.

32.

다음과 같은 가정이 가능하다:

순수한 자애의 행동과 양립 불가능한 신 개념은 모두 거짓이다.

그 둘이 서로 양립하면, 정도의 차이는 있을지언정 그 신 개념은 모두 진짜이다.

사랑과 신 인식은 실제로 서로 분리될 수 없다. 집회서에서도 그렇게 말하고 있다. "(주님은) 그를 사랑하는 이들에게 지혜를 주셨다(Praebuit sapientiam diligentibus se)."[85]

85 집회서 1:10

33.

창세기에 나오는 창조와 원죄의 이야기는 진짜다. 그런데 다른 종교 전통들에서 이야기되는 창조와 원죄 역시 진짜며, 비길 데 없이 소중한 진실을 담고 있다.

그것들은 인간의 언어로 번역될 수 없는 유일한 진리의 다양한 반영물이다. 그중 하나를 통해 우리는 진리를 간파할 수 있다. 여러 반영물을 접할 경우 더 나은 이해가 가능해진다.

(특히 제대로 해석된 민간전승은 영성[靈性]의 보화를 담고 있다.)

34.

교회는 신조의 보존자라는 임무를 완벽히 수행해 낸 것 같지 않다. 어림도 없는 일이다. 아마도 과도한 명시와 제한과 금지를 덧붙인 때문만은 아니다. 교회는 자신의 보화를 잃어버린 게 거의 분명하다.

신약성서의 놀랍도록 아름다운 구절들이 그 증거로 남아 있는데, 오늘날 그것들은 완전히 이해 불가능한 것이 되고 말았다. 과거엔 그렇지 않았겠지만 말이다.

✦ 우선 요한묵시록의 내용 거의 전부가 그렇다.

✦ 성 요한의 문장: "……하느님의 아들은 물과 피로 오신 예수 그리스도입니다. 그는 물로만 아니라 물과 피로 오셨습니다.……증언하시는 이가 셋 있는데 곧

성령과 물과 피며, 이 셋은 하나입니다."[86] 성 요한은 여기서도 물, 그리고 그리스도의 옆구리에서 흐르는 피를 강조한다.

✶ 니고데모와의 대화 역시 몹시 신비롭다.[87]

✶ 성 바울로 "……그래서 여러분이 사랑에 뿌리를 박고 사랑을 기초로 해 살아감으로써 모든 성도들과 함께 하느님의 신비가 얼마나 넓고 길고 높고 깊은지를 깨달아 알고 인간의 모든 지식을 초월한 그리스도의 사랑을 알 수 있게 되기를 바랍니다."[88] 성 바울로와 시대적으로 별로 멀리 않은 오리게네스[89]가 이미 이 아름다운 구절을 몹시 밋밋한 방식으로 설명하고 있다.

✶ 멜기세덱에 대한 성 바울로의 말: "그는 아버지도 없고 어머니도 없고 족보도 없으며 하느님의 아들을 닮아서 영원히 사제직을 맡아 보는 분입니다."[90]

✶ 몸의 부활에 관한 교리. 살아 있는 몸은 소멸하지만

86 요한I서 5:6-8.
87 요한 3:1-13.
88 에페소 3:17-19.
89 Origenes(185-253). 알렉산드리아학파를 대표하는 그리스도교 교부.
90 히브리서 7:3.

'영적인 몸'(프뉴마티케[pneumatike], 정액 속에 담긴 '프뉴마'에 대한 피타고라스의 이론을 생각해야 할까?)은 영원하다. 순결이 지니는 중요성과 이 교리 간의 관계("인간이 짓는 모든 다른 죄는 자기 몸 밖에서 일어나는 것이지만 음행하는 자는 제 몸에다 죄를 짓는 것입니다."[91] "음식은 배를 위해 있고 배는 음식을 위해 있다고 말할 수 있을 것입니다. 그러나 하느님께서는 이것도 저것도 다 없애 버리실 것입니다. 몸은 음행을 하라고 있는 것이 아니라 주님을 섬기라고 있는 것입니다. 그리고 주님은 몸을 돌보아 주시는 분이십니다."[92]). [여기서 '배'와 아주 묘하게 대치되는 '몸'이라는 단어의 의미는 무얼까?]

내가 알기로는, 이 문제에 대해 힌두교 교리들은 그 어떤 그리스도교 텍스트보다 생생한 빛을 던져 준다. 그리스도인들은 왜 순결(특별히 처녀성)이 정신적 가치를 지니는지 한 번도 논한 적이 없다. 이것은 심각한 결함으로서 수많은 영혼을 그리스도로부터 멀어지게 한다.

✦ 인간을 목적으로 하는 대속의 교리(아벨라르[93]가

91 I고린토 6:18.

92 I고린토 6:13.

93 Pierre Abelard(1079-1142). 중세 프랑스 철학을 대표하는 철학자이자 신학자로, 스콜라 철학의 아버지라 불린다.

제대로 간파했듯이 우리의 이해를 완전히 벗어나는)와 "신은 아들에게 많은 형제를 주기 원하셨다"[94]라는 구절이 담고 있는, 외견상 반대되는 교리 사이의 관계. (그렇다면 우리는 그리스도의 강생 때문에 창조된 셈이다.)

✶ 성 바울로가 때때로 아주 묘한 방식으로 표현한 율법과 죄 사이의 신비로운 관계.[95] 이 점에 대해서도 힌두교의 사고가 일말의 빛을 제공한다.

✶ "……나무에 매달려" "……저주가 되었다" 같은 표현들의 끈질긴 되풀이. 거기엔 돌이킬 수 없이 상실된 무언가가 있다.

✶ 이스라엘의 가장 순수한 영혼을 대표하는 바리새인들을 향한 그리스도의 걷잡을 수 없는 분노. 인간의 연약함에 기인한, 온갖 성직자들이 공유하는 악덕인 위선과 편협함과 부패가 이 분노를 설명해 주지는 않는다. "너희가 앎의 열쇠를 빼앗아 버렸다"[96]라는, 수수께끼처럼 들리는 이 말은 또 다른 무언가가 있음을 암시한다.

94 로마서 8:29.
95 로마서 7:7-12.
96 루가 11:52.

피타고라스학파 사람들은 신과 창조물 사이의 매개물을 '열쇠'라 불렀다. 아니면 '조화'라 부르기도 했다.

✶ "아버지께서는 악한 사람이나 선한 사람에게 똑같이 햇빛을 주시고, 옳은 사람이나 옳지 못한 사람에게 똑같이 비를 내려주신다"[97]라는 말에 연이어 나오는 "하늘에 계신 아버지께서 완전하신 것 같이 너희도 완전한 사람이 되어라"는 말은 교리 일체를 함축하며, 내가 알기엔 더 이상의 설명은 어디에도 나오지 않는다. 우리가 신의 불의를 탓할 때 늘 인용하는 그것을(예를 들면 욥), 그리스도는 신의 정의가 지니는 지고한 면모로서 언급한다. 즉 신은 선인과 악인을 차별 없이 대하신다는 것.

그리스도의 가르침에는 '무차별의 덕'이라는 개념이 담겨 있다. 그리스 스토아 철학과 힌두교 사상에서 발견되는 것과도 흡사한 개념이다. 그리스도의 이 말은 "모두를 위한 공동의 빛이 돌게 하는 하늘……"이라는 프로메테우스의 마지막 외침을 떠올리게 한다.

97 마태오 5:45.

(게다가 이 빛과 물은 아마도 정신적인 의미를 지닌다. 즉 모두에게—이스라엘 안팎, 교회 안팎에—동등하게 은총이 부어진다는 것이다. 대다수가 그 은총을 거부할지라도 말이다.)

그건 신이 변덕이 심한 군주처럼 어떤 이에겐 은총을 더 많이, 다른 이에겐 더 적게 내린다는 일반적인 통념과는 완전히 반대이다. 신은 그 누구에게도 은총을 베풀어야 할 의무가 없기 때문이다! 그저 무한히 선하신 그 본성에 힘입어 피조물 각자에게 넘치도록 선(善)을 허락하실 뿐이다. 신은 우리 각자에게 끊임없이 충만한 은총을 내리시지만 우리의 동의가 적극적이거나 소극적이라는 편이 더 옳다. 순수하게 영적인 문제에 있어 신은 모든 갈망을 들어주신다. 적게 받는 자는 적게 갈구한 자이다.

'로고스'(λόγος)를 '말씀'으로 번역함으로써 무언가가 상실되고 말았다. '로고스'는 무엇보다 관계를 의미하며, 플라톤과 피타고라스학파 사람들에겐 수(數)를 의미하는 '아리스모스'(ἀριθμός)[98]의

98 피타고라스학파 사람들에게 수에 관한 탐구는 질서와 조화에 관한 학문이었고, 수학이 곧 철학이었다.

동의어이기도 하다. 관계는 곧 균형이며, 균형은 곧 조화이다. 조화는 곧 중재이므로, 나라면 이렇게 번역하겠다. "태초에 중재가 있었다."

(요한복음의 첫머리는 몹시 모호하다. "그는 세상에 태어나는 모든 사람을 비추는 진짜 빛이었다"[99]라는 말은 세례에 대한 가톨릭 교리와 철저히 모순된다. 이제 말씀은 모든 사람 안에—세례를 받았든 그렇지 않든—은밀히 거주하기 때문이다. 말씀을 영혼 속으로 들어오게 하는 건 세례가 아니다.)

그 밖에도 다른 많은 구절들이 있다.

한편으로는 오순절 이후에조차 일부 사람들의 몰이해가 있었고[100](베드로와 고르넬리오의 일화가 증명하듯), 다른 한편으로는 박해로 말미암은 학살이 있었다. 말씀이 전파되기 어려웠던 이유가 그것이다. 2세기 초 무렵 말씀을 이해했던 이들 모두가, 거의 모두가, 아마도 죽임을 당했다.

99 요한 1:9.
100 사도행전 11:2-3.

전례 또한 신비로운 뉘앙스의 말들을 담고 있다.

"저를 찾아 헤매시다 기진맥진 하셨으며"(Quaerens me sedisti lassus)[101]는 요한복음에 나오는 사마리아 여인의 일화[102] 외에도 또 다른 무언가와 관련이 있다. 이 말을 수많은 민담의 주제와 접근시킬 때 그 민담이 의미하는 바가 선명히 드러나게 된다.

신이 인간을 찾아 헤매신다는 생각은 헤아릴 수 없는 위엄과 깊이를 지닌다. 그런데 인간이 신을 찾는다는 생각이 대신 들어서면 퇴행이 있게 된다.

✦ 복되도다, 그 가지에
세상의 몸값을 매달고
육신의 저울이 되어
지옥의 약탈물을 거두어 간 (나무여).
(Beata [arbor] cujus brachiis-Pretium pependit saeculi / Statera facta corporis. / Tilitque praedam Tartari.)[103]

저울이라는 상징은 놀라운 깊이를 지닌다. 저울은

101 레퀴엠의 '진노의 날'(Dies irae)에 포함된 구절.

102 요한 4:5-42.

103 베난티우스 포르투나투스(530-610)가 지은 십자가 찬미가의 일부. 그리스도의 죽음을 슬퍼하는 대신 구원의 표지인 십자가의 영광을 노래한다.

이집트인들의 사고에서 중요한 역할을 맡고 있다. 그리스도가 죽었을 때 태양은 양자리, 달은 천칭자리에 있었다. 천칭자리는 '전갈자리의 집게발'이라 불렸음을 주목하자. 작가들이 이 별자리를 '천칭자리'라 부른 건 서력기원 직전이었다(그 한 달 전에 태양은 물고기자리, 달은 처녀자리에 있었다. 물고기자리의 상징적 의미[I.X.Θ.U.Σ.][104]를 참조할 것.)

이 메타포를 생각하면 "내게 지레의 받침점을 주면 세상을 들어 올릴 것이다"라고 한 아르키메데스의 말이 예언처럼 들릴 수 있다. 그 받침점은 시간과 영원의 교차점인 '십자가'이다.

✶ 별이 빛을 내듯
동정녀는 아이를 낳았네
별이 빛으로 인해 순수함을 잃지 않듯이
동정녀도 아이로 인해 순수함을 잃지는 않는다네.
(Sicut sidus radium / profert Virgo filium / pari forma. /
Neque sidus radio / neque mater filio – fit corrupta.)[105]

104 '물고기'라는 뜻의 희랍어 '익투스'. '하느님의 아들이자 구원자인 예수 그리스도'라는 뜻의 희랍어 머리글자를 조합한 말이기도 하다. 초기 로마제국의 탄압을 받던 그리스도인들은 서로를 확인하기 위해 물고기 문양을 사용했는데, 후대에 이르러 그 문양 안에 이 말을 써 넣어 그리스도교의 상징으로 삼았다.

이 시는 아주 묘한 뉘앙스를 전해 준다.

앞서 나오는 절은 아메리칸 인디언들의 설화와 비교하면 특별한 의미를 갖게 된다.

태양은 지는 것을 모릅니다.
별은 언제나 빛나고
언제나 밝습니다.
(Sol occasum nesciens / stella semper rutilans / semper clara.)

그 설화에 따르면, 청혼자들을 모두 거절한 어느 추장의 딸을 사랑하게 된 태양이 병약하다 못해 눈까지 먼 더럽고 가난한 청년이 되어 땅으로 내려온다. 별 하나가 불쌍한 노파인 청년의 할머니가 되어 그를 수행한다. 추장은 몹시 가혹한 시험을 내걸며 경쟁에서 이기는 자에게 딸을 주겠다고 한다. 그런데 아무도 예상치 못한 일이 벌어져, 짚을 넣은 침대에 앓아누운 이 불쌍한 청년만이 시험을 모조리 통과한다. 추장의 딸은 내키지 않는 마음을 억누르고

105 크리스마스 전례곡인 「라에타분두스」(넘치는 기쁨)의 일부. 성 베르나르(1090년 경-1153)가 쓴 것으로 여겨졌지만 더 오래전으로 거슬러 올라간다는 주장도 있다.

아버지의 약속대로 그 청년의 아내가 된다. 그러자 그 불쌍한 청년은 아름다운 왕자로 변하고 자신의 아내도 변모시켜 머리카락과 옷이 온통 황금이 되게 한다.

그렇다고 이 설화가 그리스도교의 영향을 받았다고 할 수는 없다. 아마도…….

* 성주간 전례에 나오는 구절 또한 묘한 뉘앙스를 띤다.

여러 세대가 지난 뒤
그 첫 번째 악은
고쳐질 운명이었습니다.……
유일무이한 고귀한 나무여,
그 어떤 숲도 이런 잎사귀,
꽃, 열매를 낼 수 없습니다.

(ipse lignum tunc notavit, damna ligni ut solveret / ……arbor una nobilis: nula silva talem profert, fronde, flore, germine.)

굉장한 말들이다. 그것들은 지금은 사라지고 없는 어떤 상징체계와 관련되어 있었음에 틀림없다. 나아가 성주간의 모든 전례가 이른바 마음을 사로잡는 고대의 향기를 담고 있다.

✶ 성배의 전설은 그리스도가 죽은 뒤 몇 년에 걸쳐 만들어졌음이 틀림없는, 오늘날엔 이해할 수 없게 된 어떤 혼합을 암시한다. 12세기에 지어진 그 시들은 드루이디즘과 그리스도교 사이에 위치하지만 말이다.

성배를 다룬 시들은 그리스도교와 비그리스도교 전통의 혼합체가 분명했음에도 교회가 그것들을 단죄한 적이 없음을 주목하자.

그리스도의 수난 이후 헤롯왕은 곧 수많은 수행원을 대동하고 리옹으로 강제 추방당했다.[106] 개중에는 그리스도인들도 있었을 것이다. (아리마태아의 요셉[107]도 그들 중 하나가 아니었을까?) 몇 년 뒤 드루이드들은 클라우디우스 황제에 의해 절멸됐다.

106 헤롯 안티파스는 칼리굴라가 로마의 황제가 되자 갈리아의 루그두눔(현재의 리옹)으로 추방당했다.

107 예수 그리스도의 제자 가운데 한 명. 예수가 처형당하자 그는 그 시신을 고운 베로 싸서 바위를 파 만든 무덤에 모셨다.

✦ 6세기의 아마도 그리스도인이었을 이집트인 논노스[108]의 『디오니시아카』는 오로지 그리스 신들과 점성술만을 다루었는데 그럼에도 「요한묵시록」과 이례적인 유사성을 보이는 것으로 미루어 앞서 말한 '혼합'의 영향을 받았음에 틀림없다.

(거기엔 호메로스의 시에서도 이미 언급된 리쿠르고스 왕에 대한 이야기가 나오는데, 그는 비무장 상태의 디오니소스를 배신하고 공격해 홍해 깊숙이 피신하도록 만들었다. 리쿠르고스는 카르멜 산 남쪽에 거주하는 아랍인들의 왕으로서, 지리적으로 보아 그곳은 이스라엘일 수밖에 없다. 이집트에 계시된 고통 받는 대속자요 중재자이신 신의 개념을 거부한 이 이스라엘을 고대인들은 저주받은 민족으로 여겼는데, 이 사실을 인정하면 다른 방식으로는 설명되지 않는 점을 이해할 수 있게 된다. 즉 종교적인 문제에 아낌없는 호기심을 품었던 헤로도토스가 이스라엘에 대해선 완전히 함구했다는 것. 이스라엘은 그리스도의 요람이 될 운명이었지만 그리스도를 죽일 운명이기도 했음을 주목하자. 또한 디오니소스는 오시리스와 동일한 신임을 말해 주는 수많은 증거가 있음을 주목해야 한다.

108 Nonnos(4세기 말-5세기 초). 로마제국 시대에 가장 유명했던 그리스 서사시인. 디오니소스 신의 이야기인 『디오니시아카』와 요한복음 해설서를 썼다.

모세 이야기에 관한 이집트 버전이 있다면 우리는 놀라운 점들을 발견하게 될 것이다.……)

앞서 인용한 시 「오딘의 룬」이 그리스도교와의 접촉 이전에 기록된 것이 아니라면, 그것 역시 유사한 혼합의 잔재라 하겠다. 그 또한 놀라운 일이 아닐 수 없다.

애초에 그리스도의 사도들 가운데 "만방에 가서 복음을 전하라"라는 말을, 내가 옳다고 믿는 그런 방식으로 전하라고 이해한 이들이 있었을까?

35.

초기 역사를 둘러싼 난해한 수수께끼 탓에 그리스도교를 이해하는 것이 거의 불가능해졌다.

이 수수께끼는 무엇보다 그리스도교가 한편으로는 이스라엘과, 다른 한편으로는 여러 이방 민족의 종교 전통과 맺고 있는 관계와 관련이 있다.

니콜라우스 쿠자누스[109]가 꿈꾸었던 바와 유사한 혼합주의적인 시도가 애초에 없었을 가능성은 지극히 낮다. 그런데 교회가 이런 시도들을 단죄한 흔적은 전혀 없다. (니콜라우스 쿠자누스도 단죄당하지 않았다.) 그럼에도 불구하고 실제로 그 후에 일어난 일들은 그가 단죄당했다는 인상을 심어 주었다.

109 Nicolaus Cusanus(1401-1464). 독일의 철학자·신학자·법학자이자, 광학자·수학자·천문학자. 성직자로서 교회 개혁에 주력했으며, 만물에 내재된 모순을 파악하여 통일시키는 것이 신앙의 과제라고 보았다.

어리석은 알렉산드리아의 클레멘스—밀의 종교와 고전 그리스 철학 간에 어떤 밀접한 관계가 있는지 깨달을 수 없었던—와는 반대로, 복음을 이 종교의 완성으로 보았던 사람들도 분명히 있었다. 이들의 저서들은 어찌 되었는가?

포르피리오스[110]의 말에 의하면, 오리게네스는 피타고라스학파와 스토아학파의 난해한 책들을 활용해 이스라엘의 성서를 상징적으로 해석했다. 그런 오리게네스가 그리스 철학에 대해서는 논박의 어조를 띤다. 이유가 뭘까? 그리스 철학을 경쟁 상대로 본 것일까? 아니면 또 다른 이유가 있었던 걸까? 자신이 그리스 철학에 빚진 바를 숨기고 싶었던 걸까? 왜 그랬을까?

앞서 언급된 포르피리오스의 말은 '비의'(秘儀)가 온전히 알레고리로 구축되었음을 분명히 보여준다.

유세비우스[111]는 이 말을 인용하면서, 오리게네스가 성서를 그리스화했다고 주장한 포르피리오스를

110 Porphyry(234-305). 3세기 신플라톤주의 철학자.

111 Eusebius(260년 경-339). 로마제국의 신학자·역사가.

거짓말쟁이 취급한다. 하지만 포르피리오스의 나머지 입장들에 대해서는 부정하지 않는다.

유세비우스는 멜리투스 주교[112]가 우애를 가득 담은 어조로 마르쿠스 아우렐리우스 황제에게 보낸 이상하기 짝이 없는 편지에 대해서도 언급한다(『교회사』 IV, 26). "우리네 철학은 우선 미개인들에게서 싹터 아우구스투스 황제의 위대한 통치하의 당신 백성들 사이에서 꽃을 피웠습니다."

이 '미개인들'은 히브리인들일 수밖에 없다. 그런데 그 나머지 말은 무얼 의미하는가?

아우구스투스는 기원후 14년에 죽었다. 그 당시 그리스도는 청년이었고, 그리스도교는 아직 존재하지 않았다.

'우리네 철학'이란 우리의 '로고스', 곧 그리스도를 말하는 게 아닐까? 그 로고스가 그리스나 이탈리아의 '이방인들'(gentes)[113] 사이에서 꽃(젊음)을 피웠다는

112 2세기 말의 변증가·그리스도교 사상가. 그는 그리스도교에 혹독한 박해가 가해지던 시기인 176년경에 마르크스 아우렐리우스 황제에게 변증서를 보냈다. 이 문서에서 그는 그리스도교를 종교로서뿐 아니라 철학으로서 언급한다.

113 신약성서에서 '이방인'은 유대 민족을 제외한 모든 민족을 지칭했는데, 4세기 말 시작된 성서의

말인가?

멜리투스 주교는 다음과 같이 부연한다. "우리의 '로고스'가 선(善)을 지향하는 왕국의 근사한 출발과 동시에 성장했다는 으뜸가는 증거가 있습니다. 그는 아우구스투스 황제 치하에서 어떤 굴욕도 당하지 않았고, 오히려 만인의 바람대로 찬란한 빛과 영광을 누렸다는 것입니다."

우리가 '나사렛에서의 숨겨진 삶'이라고 늘 말하면서도 잊고 있는 사실이 있다. 그 삶이 정말로 숨겨져 있었다면 나사렛에서 전개된 삶임을 전혀 단언할 수 없다는 것이다.

우리가 복음서에 의지해 요한의 세례 이전 그리스도의 삶에 대해 알 수 있는 건 다음의 사실이 전부다.

그는 베들레헴에서 태어났다. 아직 아기였을 때 가족과 함께 이집트로 건너갔다. 그곳에서 얼마 동안 머무른다. (헤롯이 죽은 뒤에 요셉은 돌아오지만 그

라틴어역에서 '젠테스'(gentes)로, 그 후 다시 이교도라는 의미의 '파가니'(pagani)로 바뀌었다.

직후라는 말은 어디에도 없으며 여러 해가 지난 뒤 돌아왔을 수도 있다.) 열두 살에 그는 예루살렘에서 유월절을 맞는다. 그 당시 그의 부모는 나사렛에 정착해 살고 있었다. (특이하게도 루가는 이집트로의 피신을 언급하지 않는다.) 서른 살에 그는 요한에게서 세례를 받았다. 정확히 말해 이게 전부다.

이것 역시 몹시 기이한 수수께끼이다.

세 번째 수수께끼는 그리스도교가 로마제국과 맺고 있던 관계이다. 티베리우스는 그리스도를 판테온[114]에 두길 원했으며, 처음엔 그리스도인들에 대한 박해를 거부했다. 그러다 태도를 바꾼 것이다. 갈바[115]의 양아들인 피소는 아마도 그리스도교 가문 출신이다(에르만[116]의 연구 참조). 트라야누스[117]와 특히 마르쿠스 아우렐리우스가 그렇게도 무자비하게 그리스도인들을 탄압한 사실은 어떻게 설명해야 할까? 그런데도 단테는 트라야누스를 천국에 들여놓는다.…… 반대로 코모두스와 다른 사악한 황제들은 오히려 그리스도인들을 우대했다. 그런 다음

114 다신교 국가였던 고대 로마 제국에서 피정복자들의 신까지 모시는 만신전의 역할을 했다. B.C. 27년 아그리파가 세운 이 건축물은 화재로 소실되었다가 118-125년에 하드리아누스 황제에 의해 확장·재건되었다.

115 68-69년에 통치한 로마의 황제.

116 라틴어 학자 레옹 에르만(1889-1984).

로마제국이 그리스도교를 공식 종교로 채택한 건 또 어찌된 일인가? 그 조건은 무엇이었을까? 그 대가로 그리스도교는 어떤 타락을 겪게 된 걸까? 그리스도 교회와 '짐승' 간의 결탁은 어떻게 이루어진 걸까? 요한묵시록에 나오는 이 '짐승'은 로마제국임이 거의 분명하다.

로마제국은 나치즘처럼 국가에 대한 철저한 숭배를 기반으로 한 전체주의적이고 천박한 유물론적인 체제였다. 결국 이 체제에 종속된 불행한 이들에게서 정신성에 대한 갈망이 서서히 싹트게 된다. 로마의 황제들은 진정한 신비주의가 나타나 모든 걸 뒤엎어 버릴 것을 두려워했기에, 거짓 신비주의로 그 갈증을 해소시킬 필요가 있음을 처음부터 이해했다.

엘레우시스의 비의(秘儀)를 로마로 들여오려던 시도가 있었다. 설득력 있는 표징들이 입증하는바, 그 비의는 진정한 골자를 잃어버린 상태였음이 거의 분명하지만 말이다. 그런데 로마인들의 정복 이후로—심지어 그 이전에도—그리스, 특히

117 Traianus(53-117). 로마제국 13대 황제. 단테의 『신곡』에는 그가 정의로운 성격으로 인해 천국에 가 있는 것으로 묘사된다.

아테네에서 걸핏하면 자행되었던 끔찍한 학살들이 그러한 시도를 방해했음에 틀림없다. 그 비의는 아마도 초보 전수자(傳受者)들에 의해 다시 만들어졌을 것이다. 아마도 한때는 그 전수자였을 알렉산드리아의 클레멘스가 경멸의 어조로 그 비의를 언급한 이유도 그 때문일 것이다. 어쨌거나 그 비의를 들여오려던 시도는 무산되고 말았다.

그런가 하면 드루이드들과 디오니소스 밀교 신도들은 절멸당했고, 피타고라스학파를 비롯해 철학자들 모두가 무자비하게 축출당했으며, 이집트 종교들도 금지되었다. 그리스도인들만 우리가 아는 그런 대접을 받았다.

그 당시 로마에서 증식했던 수많은 동방 종교들은 오늘날 범람하는 신지학 부류의 종파들과 매우 흡사하다. 따지고 보면 두 경우 모두 진정한 신조가 아니며 속물들을 겨냥해 만들어진 것들이었다.

네르바-안토니우스 왕조[118]는 로마왕국의 잔혹한

118 96-192년에 로마제국을 통치한 왕조. 7명의 황제 가운데 네르바, 트라야누스, 하드리아누스, 안토니우스 피우스, 마르쿠스 아우렐리우스가 유명한 오현제이다.

역사에서 오아시스와도 같다. 그런데 어떻게 그 황제들이 그리스도교를 박해할 수 있었을까?

그리스도인들은 숨어 살 수밖에 없었던 탓에 실제로 그들 사이에 범죄적 요소들이 섞여 들어간 게 아닐까?

무엇보다 그들이 묵시적 사유에 고취되어 있었음을 생각해 볼 필요가 있다. 그들은 신의 왕국이 곧 도래할 거라는 기대에 들떠 믿기지 않을 만큼 영웅적인 행동을 서슴지 않았다. 오늘날 공산주의자들이 임박한 혁명을 기대하며 그러듯 말이다. 두 심리 사이에는 큰 유사성이 있음에 틀림없다.

그런데 두 경우 모두, 그런 기대는 중대한 사회적 위험요소이다.

모종의 이유로 어떤 폭군이 특정 노예들에게 자유를 허락했을 때, 그 결과 주인들은 더 이상 남은 노예들을 복종시킬 수 없게 된다. 고대 역사가들의 이야기에는 그런 일이 벌어진 도시들이 무수히 등장한다.

노예 신분은 너무도 폭력적인 상황이어서, 희망을 완전히 빼앗긴 채 짓밟힌 영혼만이 견딜 수 있는 것이었다. 희망이 한 가닥이라도 보이는 순간 불순종이 펴져 나가게 된다.

복음 안에 담긴 소망은 어떤 효력을 발휘했을까? 복음은 대속을 의미했을 뿐 아니라 영광에 싸인 그리스도의 임박한 재림에 대한 거의 확실한 믿음이었다.

성 바울로의 경우, 노예를 소유한 주인들에게 온화함과 정의를 권하는 말이 한 마디라면, 노예들에게 일하고 복종할 것을 명하는 말은 열 마디쯤 될 것이다. 이 사실을 두고 우리는 바울로 안에 그리스도교와는 별개로 사회적 편견의 잔재가 남아 있었다고 볼 수도 있다. 그러나 그리스도인 주인들을 온화함으로 이끄는 것이, 최후 심판에 대한 기대로 들뜬 그리스도인 노예들을 복종으로 이끄는 것보다 아마도 훨씬 쉬웠을 것이다.

마르쿠스 아우렐리우스는 노예제를 인정하지 않았던 듯싶다. 그리스 철학이—아리스토텔레스를 제외하고—이 제도를 옹호했다는 말은 거짓이다. 아리스토텔레스의 증언에 따르면, 일부 철학자들은 노예제가 "이성과 본성에 철저히 위배되는" 것이라 비난했다. 플라톤은 『정치가』[119]에서 오직 범죄를 다스리는 용도로만 이 제도가 정당하다고 본다. 오늘날의 감옥이나 강제노역의 경우처럼 말이다.

하지만 마르쿠스 아우렐리우스의 직무는 무엇보다 질서를 유지하는 것이었다. 그 사실을 그는 씁쓸한 마음으로 자신에게 되뇌곤 했다.

가톨릭교도들은 이단에 내재된 사회적 위험을 내세우며 이교도들에 대한 학살을 기꺼이 정당화한다. 초기 그리스도인들을 향했던 박해 역시 동일한 이유로 정당화되었을 것이다. 이런 정당화가 훨씬 쉬웠을 것임에 틀림없는데, 어떤 이단도 왕이신 그리스도의 임박한 재림에 대한 확고한 기대만큼이나 체제를 뒤흔드는 사상을 담고 있지는 않았기 때문이다.

119 플라톤의 『대화편』 후기에 속하는 저술.

로마제국의 노예들 사이에 불복종의 물결이 일었다면 끔찍한 무질서가 난무해 제국의 체계가 몽땅 무너져 내리고 말았을 것이다.

콘스탄티누스 황제[120] 시대에는 임박한 재림에 대한 묵시론적 기대가 크게 약화되었다. 또한 그 이전에 그리스도인들에게 자행된 학살로 인해 그 심오한 교리가 전수되지 못함으로써 아마도 그리스도교는 그 정신적 내용이 상당 부분 비워지고 말았다.

클라우디우스 황제가 엘레우시스 밀의 종교에 개입해 거두지 못한 성공을, 콘스탄티누스 황제는 그리스도교를 통해 거두었다.

로마제국은 자신의 공식적인 종교가, 로마에 의해 정복당하고 짓밟히고 파괴된 나라들—이집트, 그리스, 갈리아—의 세속적인 전통의 유지나 완성처럼 여겨지는 걸 원치 않았다. 그건 제국을 위해 이득이 되지도, 제국의 위엄을 지키는 길도 아니라고 보았기 때문이다. 하지만 이스라엘의 경우는 염려할

120 Flavius Valerius Aurelius Constantinus(272-337). 최초의 그리스도인 로마 군주. 313년 밀라노 칙령으로 그리스도교에 대한 박해를 종식하고 사실상 그리스도교를 공식 종교로 공인했다. 325년 제1차 니케아 공의회를 소집, 그리스도교 발전에 기여한다.

필요가 없었다. 우선 새로운 율법은 옛것과 거리가 멀었고, 무엇보다 예루살렘은 더 이상 존재하지 않았다. 게다가 신비주의와는 전혀 무관한 그 옛 율법의 정신이 로마의 정신과 크게 다를 바 없었다. 그러니 로마는 '만군의 하느님'을 받아들일 수 있었다.

유대 민족주의 정신은 애초부터 수많은 그리스도인들로 하여금 이방인들의 진정한 정신성과 그리스도교 사이의 유사성을 인정하지 못하도록 막았는데, 그것이 로마제국이 보기엔 그리스도교의 긍정적인 요소였다. 그런데 그 정신이 개종한 이교도들에게까지 먹혀든 건 기이한 일이다.

모든 식민 지배 국가들이 그렇듯 로마 역시 정복된 국가들의 정신적·도덕적 뿌리를 뽑아 버렸다. 이 작업은 식민 정복의 어김없는 결과다. 정복된 국가들에 뿌리를 되돌려 주어서는 안 되었다. 그들의 뿌리를 더 철저히 제거해야 했다.

(그 확증으로서, 일찍이 교회가 언급한 바 있는 이교의

예언이 있다면, 로마의 전통이 제 것으로 삼았던 시빌라[121] 예언뿐이라는 사실에 주목하자. [그런가 하면 로마에는 유대 전통과도 매우 흡사한 메시아에 대한 기대—마찬가지로 '몸'으로 오시는—가 실제로 있었다. 『전원시』 제4권[122]에서 이 사실이 뚜렷이 드러난다.])

이스라엘과 로마의 영향이 뒤섞인 그리스도교는 그 점에서 눈부신 성공을 거두었다. 오늘날에도 선교사들이 그리스도교를 전파하러 가는 곳마다 동일한 '뿌리 뽑기'가 진행된다.

이 모두는 물론 일련의 추측이다.

하지만 거의 확실한 사실이 하나 있다. 사람들은 우리에게 무언가를 감추려 했고, 결국 그 일에 성공했다는 것. 그렇게나 많은 텍스트들이 파괴되고 역사의 그토록 본질적인 영역에 짙은 어둠이 드리워 있는 건 우연이 아니다.

아마도 문서들에 대한 체계적인 파괴가 자행되었을

121 그리스 신화의 신 아폴로의 신탁을 받은 한 무녀의 이름에서 유래해 후대에는 무녀 혹은 여자 예언자의 대명사로 일반화되었다.

122 시빌라의 예언을 인용한 베르길리우스(B.C. 70-B.C. 19)의 『전원시』 제4권에서 무녀는 메시아에 대한 예언을 한다.

것이다.

플라톤이 그 파괴를 면한 건 얼마나 다행인가? 그러나 아이스킬로스의 『해방된 프로메테우스』는 남아 있지 않다. 그 텍스트야말로 프로메테우스 이야기의 진정한 의미를 엿보게 해 주었을 텐데 말이다. 이미 『결박된 프로메테우스』에서 미약하게나마 암시된, 프로메테우스를 제우스와 하나 되게 하는 사랑을 말이다. 그 밖에도 얼마나 많은 보물이 소실되고 만 걸까!

역사가들이 우리에게 전해 주는 이야기들에는 여기저기 커다란 구멍이 뚫려 있다. 영지주의자들에 대한 정보는 전무하며, 초기 그리스도교 문서들의 내용도 거의 남아 있지 않다. 설령 이스라엘의 특권을 인정하지 않는 기록이 있었다 한들 현재로선 인멸된 상태이다.

그렇다고 계시된 경전과 성사, 초자연적 신 인식을 소유한 전통은 유대-그리스도교 전통뿐이라고 교회가 선언한 적은 없다. 또한 교회는, 이스라엘이 아닌 다른 국가들의 신비주의 전통과 그리스도교 사이에 아무 유사성이 없다고 선언한 적도 없다. 이유가 뭘까? 어찌 됐든 성령이 교회를 거짓으로부터 보호했기 때문이 아니었을까?

오늘날 이 문제들은 지극히 중요하며 절박하고도 현실적인 사안이다. 우리네 국가들의 세속적 삶은 모두 '이교의' 문명들로부터 곧장 유래한 것이므로, 소위 말하는 이교와 그리스도교 사이의 단절이라는 환상이 지속되는 한 그리스도교는 육신을 부여받지 못할 것이다. 그렇게 되면 그리스도교는 세속의 삶 구석구석에 스며들지(마땅히 그래야 함에도) 못할 것이며 그 삶과는 별개인, 결과적으로 무력한 무언가로 남게 될 것이다.

그리스 기하학과 그리스도교 신앙이 동일한 원천에서 탄생했음을 안다면 우리의 삶은 얼마나 달라질 것인가!

옮긴이의 말

I

『어느 수도자에게 보내는 편지』는 1942년 11월, 제2차 세계대전의 와중에 미국에 잠시 체류하던 시몬 베유가 망명 정부인 '자유 프랑스' 레지스탕스의 일원이 될 목적으로 런던으로 떠나기 며칠 전 도미니코회 수도사제인 마리-알랭 쿠튀리에 신부에게 쓴 편지이다. 그녀는 부모에게 이 편지를 맡기고 출발했고, 편지는 그녀의 부모에 의해 신부에게 전달되었다. 그러나 런던에 도착한 그녀는 이듬해 1943년 8월 켄트주 애슈퍼드 요양소에서 34세의 젊은 나이로 삶을 마감한다.

베유는 그 짧은 생애 동안 엄청난 양의 글을 썼다.

끊임없는 독서로 다듬어진 생각들을 실제 행동이 요구되는 상황에서 그때그때 필요에 따라 기사나 논문, 편지, 메모 형식으로 작성하거나 기고한 글들이었다. 이 글들은 모두 그녀가 사망한 직후부터 50년대에 수집·정리된다. 『어느 수도자에게 보내는 편지』 역시 동일한 과정을 밟게 되며, 종전 후 갈리마르 출판사에서 알베르 카뮈가 지휘한 에스푸아르(Espoir) 총서에 포함되어 1951년 유고로 출간되었다.

런던에 도착한 베유는 죽음이 임박한 순간에마저 자신의 소신을 쉴 새 없이 글로 옮겼는데, 그전에 뉴욕에서 작성된 이 편지는 그녀가 자신의 신앙관, 특별히 가톨릭교회에 대한 입장을 정리해 놓았다는 점에서 소중한 자료이다. 그렇다면 텍스트를 읽기에 앞서, 글이 작성된 시점의 주변 상황과 글의 목적을 생각해 볼 필요가 있다. 즉 이 글은 전쟁의 소용돌이 속에서, 그녀가 내적으로나 외적으로 절박한 상황에 처해 쓴 편지라는 것, 그리고 한 수도자에게 보내는 서신이긴 해도 실제로 답장을 기대하며 쓴 글이라기보다 일종의 증언이며 선언문의 성격을 띤다는 것이다.

II

「편지」에서 그녀는 가톨릭 신앙과 교리 및 제도에 대한 자신의 의견을 35개 항목으로 나누어 피력한다. 그 안에는 교회의 신조에 대해서는 물론 심지어 성서에 대한 비판과 의문 역시 제기되어 있다. 그녀는 가톨릭 신앙의 유산을 마주하고 자신이 지닌 의혹과 회의의 목록을 작성하는데, 그것들은 그녀가 교회 안으로 들어오는 걸 가로막는 일련의 문제점들이기도 하다. 그러나 책의 머리말에도 강조되어 있듯, 이 글을 그녀가 세례를 받기 위해 내세운 조건으로 이해해서는 안 될 것이다. 교회 역시 하나의 사회적 존재임이 불가피하다는 걸 그녀도 인정하고 있기 때문이다. 다시 말해,

진리를 수호하는 데 교회는 불가결하다는 것,
교회는 이단을 벌할 권리를 지닌다는 것,

교회의 소명은 가톨릭, 즉 보편적이어야 한다는 것.

그러므로 베유는 교회가 명시한 사항들에 대해
존중심과 무조건적이며 지속적인 관심의 태도를
지녀야 한다고 본다(85쪽). 그러나 교회도 사회적
존재인 이상 세속의 권력에 종속되어 있으며,
사회적인 것은 악마의 지배 하에 있다는 사실 역시
간과하지 않는다.

「편지」에서 되풀이해 강조되는 중심 내용은 크게 두
가지 맥락으로 구분될 수 있을 것 같다.

첫째, '파문이다'(anathema sit)라는 문구로 구현된
가톨릭교회의 전체주의적 성격.
둘째, 그리스도교뿐 아니라 타종교들 역시, 하나의
진리의 다양한 반영이라는 것.

1. anathema sit.

편지의 서두는 트리엔트 공의회(1545-1563)에서

선포된 교의, 즉 교회가 스스로에게 부여한 파문의 권리에 대한 반론에서 출발한다. 히틀러를 거부한다는 그녀의 단호한 선언(95쪽)은 모든 전체주의 체제에 대한 거부와 함께 교회라는 기구까지도 돌아보게 만든다. 베유는 토마스주의를 나치의 전체주의에 빗대기까지 한다(67쪽). 그리고 로마가톨릭교회의 정치적인 위계질서를 포함해, 세례를 받지 않은 자들과 심지어 덕 있는 자들까지 배척하는 배타성을 비판한다. 그러면서 교회의 역사는 무수한 범죄와 오류로 물들어 있으니 교회는 스스로를 그리스도의 신비체라 주장할 수 없다고 못 박는다. 그리고 그리스도교의 타락을 초래한 두 가지 근본 원인을 지적한다.

첫째, 야훼 하느님의 전쟁에 대한 이야기로 가득한 구약성서.
둘째, 그리스도교에 미친 로마제국의 영향.

베유는 신약성서의 가르침을 준수하지 않는 교회의 미심쩍은 역할을 질타하면서 전적으로 신약성서에 초점을 둠으로써 구약성서와 교회의 도그마에 등을 돌린다.

2. 타종교들에 대한 입장.

베유는 그리스도교가 진리의 가장 훌륭한 반영일 수는 있어도 유일한 반영은 아니라고 본다. 진리의 반영들은 다른 종교들에도 존재한다는 것. 예수 이전에도 하느님의 말씀의 현신이 여러 차례 있었으므로(멜기세덱, 오시리스, 크리슈나), 그리스도 이전에 존재했던 다양한 문화의 이 무수한 영적 유산들을 인정해야 한다는 것. 그렇게 되면 사람들은 지배적인 종교의 기구화한 제의와 이미 다듬어진 길이 아닌 각자의 삶의 자리에서 내면의 여정을 발견할 수 있게 되는 것이다.

이처럼 그녀는 편지의 형식을 빌려 한 수도사제에게 자신의 영적인 의문들과 우려, 의혹, 진리에 대한 열망을 밝힌다. 그렇게 함으로써 자신이 세례를 거부하는 이유와 교회의 문턱에 머물러 있기를 바라는 이유를 간접적으로 드러낸다.

베유가 예수 그리스도를 향한 강렬한 사랑에도 불구하고 교회의 일원이 되기를 거부한 것은, 그것이 영적인 삶에 대한 억압이 될 수도 있는 위험을 직시했기 때문이었다. 타락한 로마제국과의 밀착에서 탄생한 이 기구가 지나치게 안이한 도피처로 작용해 오히려 그리스도교에 대한 심오한 경험으로부터 우리를 멀어지게 만들 수도 있다고 본 것이다.

편지에서 그녀는 신화와 철학, 고대문명, 역사와 예술, 민담과 심지어 점성술까지 동원해 진지한 탐구의 결과물들을 나열하며, 우리가 무지한 채, 혹은 체념으로 받아들이는 교리의 사각지대들을 낱낱이 파헤친다. 그런 그녀의 글에서는 그 무엇도 어둠 속에 남겨두지 않고 솔직히 드러내겠다는 집념이 엿보인다. 심지어 사전 분류 작업 없이 자신이 숙고한 바들을 모조리 쏟아 놓았다는 인상을 받게 되는데, 사실 그녀 주변에서 전개되고 있던 긴박한 정황을 두고 볼 때 그녀에겐 글을 다듬거나 손질할 여건이 주어지지 않았음을 상기해야 한다.

그렇긴 해도 이 편지의 논조는 무신론자의 담화나 교회에 대한 적극적인 비난과는 거리가 멀다. 여하한 지배 체제에도 얽매이지 않고 오로지 자신의 양심과 대면해 진리를 탐색하는 것이야말로 그녀의 목표였다. 따라서 편지에서 느껴지는 교회에 대한 맹렬한 공격의 어조 역시 교회에 대한 사랑의 다른 이름에 불과하다. 즉 기구로서의 교회가 아닌, 진실의 수호자로서의 교회이다. 편지 첫머리에서 이미 그녀는 모종의 확신을 드러내며 그리스도교가 자신의 믿음이라 고백한다(21쪽). 그리고 로마와 결합한 그리스도교와 교회의 타락으로부터 그리스도의 말(그녀가 '아름다운 말'이라고 묘사한[89쪽])과 십자가를 구하는 것이 그리스도교를 구하는 길이라 결론짓는다.

III

유럽인들은 어떤 전통을 고수해야 할 것인가에 대한 베유의 답변은, 순수한 상태로 재발견된 그리스도교 전통, 곧 그리스 전통과 연결된 그리스도교 전통이다. 요컨대 중세 그리스도교 문명과 로마제국 이전에 존재한 그리스와 동양에 연결되는 기억들을 보존한다면 그것들이 영적 유산의 순수한 원천이 되어 줄 것이었다.

그 밖에 각 나라의 국민들은 저마다 자신들의 전통과 과거의 문화유산을 소중히 보존하며 각자의 역사 속에서 이 신앙을 발견해야 한다고 보았다. 유럽 바깥의 민족들은 자기들의 종교를 고수하면서도 그 안에서 그리스도교에서 발견되는 것과 동일한 신앙을 가질 수 있다는 것이다. 그런 면에서 그녀는 정복자들의 뒤를 이어 이 민족들의 종교를 파괴시키는 데 앞장섰던 선교사들을 비난한다(55-56쪽).

그리고 베유는 긴 「편지」를 마무리하며 강렬한 질문 하나를 던진다. 그리스 기하학과 그리스도교 신앙이 동일한 원천에서 탄생했음을 안다면 우리의 삶은 얼마나 달라질 것인가 하는. 실제로 그녀는 항시 수학에 관심을 가졌었고, 특히 기하학의 아름다움을

역설했다. 그리고 세상에 대한 과학적 인식이야말로, 제대로 이해되었을 경우 진정한 믿음에 부합한다고 보았다(90쪽).

그녀가 보기에 그리스인들에게는 아무 불안이 없었다. 그들은 우리와는 다른 천지에서 살고 있었다. 그들은 강렬한 '유랑의 감정'을 품고 있었고, 그것이 그들에게서 그리스도교에 전달되었다. 그런 감정은 고통스러운 것이었을지언정 불안은 없었다. 그리스인들은 그 어떤 민족들보다 더 '필연성'에 사로잡혀 있었고, 인간이 필연성의 지배를 벗어날 수는 없다는 생각을 가지고 있었다. 그런데 더없이 고통스러운 이 사고가 바로 그들을 불안으로부터 벗어나게 해 주는 것이었다.

중력, 혹은 신의 침묵이라는 말로도 대체 가능한 이 '필연성'(91쪽)이야말로 베유의 모든 저작물을 관통하는 중심 개념이랄 수 있을 것 같다.

✦ 자유는 오직 필연성에 복종할 때만 획득될 수 있다.

- 구원에 있어서 진정한 적은 인간의 자율성이다.
- 필연성은 인간을 이 자율성에서 해방시킨다.
- 그러므로 필연성은 우리에게 악은커녕 선의 도구이다.

IV

베유가 이 「편지」를 쓰고 긴 시간이 흘렀다. 가톨릭교회의 대대적인 개혁을 이루어 낸 제2차 바티칸 공의회(1962-1965)는 '파문이다'(anathema sit)라는 표현을 더 이상 사용하지 않았고, 교회는 다른 종교나 교리에 대한 비판과 단죄를 넘어 개방과 쇄신을 표방하게 되었다. 또한 구약성서에 대하여도 베유가 당시에 접할 수 없었던 무수한 해석방법과 연구가 이루어져 왔다. 그렇더라도 교회 안에 잔존해 있던, 현대에 대한 방어적이며 수세적인 입장들에 근본적인 변화가 이루어졌는지는 의문이다.

사실 이 편지는 고대어에 대한 탁월한 지식을 바탕으로 한 지성과 학식의 집약체로서, 분류된 매

조항 하나하나가 신학서 한 권에 해당하는 무게를 지닌다. 베유는 광범위한 독서를 통한 지식을 바탕으로 여러 문명과 신화, 민담을 성서의 하느님의 표지나 상징들과 연결 짓는 작업을 한다. 그렇기 때문에 매우 짧은 텍스트임에도 불구하고 그것들에 대한 지식이 부족할 경우 텍스트 안으로 온전히 발을 들이기가 쉽지 않은 게 사실이다.

그렇더라도 텍스트 안에서 불쑥불쑥 마주치는, 우리의 심부를 건드리는 말들에 감염되고 매료당하지 않을 수 없다. 교회에 호소하는 이 말들은 모든 무관심한 사람들, 그리스도교에 흥미를 느끼지 못하는 사람들에게 일깨움을 주는 소리일 수도 있다. "그리스도교는 매우 아름다운 것이며, 거기엔 분명 수많은 진리가 내포되어 있다"고, 그녀가 교사로서 학생들에게 들려주고 싶어 했던 내용이기도 하다. 그건 예수 그리스도가 우리의 삶과 하느님에 대해 무슨 말을 하는지 진지하게 생각해 보지 않고 지나치지 말라는 호소처럼 들리기도 한다.

영국 애슈퍼드의 요양소에서 자신이 얼마 안 가 죽을 것임을 알고 있던 그녀는 담당 의사에게 말한다. 자기는 철학자며 인간성에 관심을 갖고 있었다고. 또한 유대인이며, 가톨릭교도가 되고 싶으나 아직 해결 안 된 것이 있다고.

이처럼 스스로를 철학자라 소개한 그녀를 우리는 그 밖의 수많은 호칭으로 기억한다. 혁명가, 사상가, 노동운동가, 좌파지식인, 신비주의자, 교회의 문 안으로 들어서지 않은 그리스도인, 금세기가 낳은 비범한 여성 철학자…… 알베르 카뮈는 그녀를 '우리 시대의 가장 위대한 정신'이라고도 묘사했다. 그녀의 고등사범학교 친구이자 평생의 벗으로 나중에 그녀의 전기를 쓰게 되는 페트르망(Simone Pétrement, 1907-1992)은 그녀에 대해 이렇게 말한다.

"시몬에게서는 개인적인 욕망이나 이기심을 전혀 찾아볼 수 없었으며, 그녀는 인류 전체의 복지와 진실에 대해서만 깊이 열광하고 관심을 가졌다. 시몬이 우리 눈에 그렇게 기이하게 보였던 건 그녀에게는 우리와 같은 추잡한 구석이 전혀 없었기 때문이다.……그녀의 재능은 탁월했으며, 감정의 순수성과 성격의 힘은 평범한 수준을 훨씬 넘어서는 것이었다.……시몬을 직접 만나 그녀가 어떤 삶을 살고 있는지 보면서 스스로에 대해 수치심을 느끼지 않은 사람이 있었을까? 자신이 얼마나 나태하고 이기적인 삶을 살고 있는지 절감하면서 말이다"

실제로 페트르망의 전기를 읽다 보면 페트르망 자신을 포함해 베유를 접하는 사람들의 입에서 자신도 모르게 흘러나오는 말이 있다. 그녀는 성녀(聖女)라는 고백이다.

"그러므로 그녀가 주장하는 것에 동의할 수 없었던 사람들조차 그녀를 비난할 수는 없었다. 그녀에게는 그럴 권리가 있다고 생각했기 때문이었다. 그녀는 성녀이며, 자신의 모든 것을 내어 주는 사람이었으니까."(페트르망)

장-피 라피에르가 쓴 서문에서도 언급된, '불안한

시대의 문학 장르'로서 '바다 위를 떠도는 병'과 같았던 이 한 편의 편지. 끝내 답장이 주어지지 않았던 이 긴 편지 안에, 숨겨진 보석처럼 박혀 있는 한 구절이 있다. 시몬 베유의 삶과 사상을 정확히 요약해 주는 한마디가 아닐까 싶다.

"내겐 십자가로 충분하다.……그리스도 수난의 이야기가 지닌 완벽한 아름다움이야말로 내겐 확증이자 진실로 기적적인 무엇이다"(95쪽).

2026년 3월

이창실